LÍDER
Clariconectado

Bestsellers de
Tania Karam

Una Vida con Ángeles
Tiempo de Arcángeles
RenaSER

Tania Karam

LÍDER
Clariconectado

*Descubre el poder de 10 mensajes espirituales
para crecer en confianza,
tomar acción con seguridad e inspirar a otros.*

Líder Clariconectado
*Descubre el poder de 10 mensajes espirituales para crecer en confianza,
tomar acción con seguridad e inspirar a otros*

Primera edición: septiembre, 2023
Primera reimpresión: octubre, 2023

D. R. © 2023, Tania Karam

D. R. © 2023, derechos de edición mundiales en lengua castellana:
Penguin Random House Grupo Editorial, S. A. de C. V.
Blvd. Miguel de Cervantes Saavedra núm. 301, 1er piso,
colonia Granada, alcaldía Miguel Hidalgo, C. P. 11520,
Ciudad de México

penguinlibros.com

ISBN: 978-607-383-370-7

Impreso en México – *Printed in Mexico*

A ti que buscas sentirte conectado
con algo mayor,
con la verdad,
con el Amor.

A todos mis queridos alumnos
les dedico este libro.

Índice

Agradecimientos

Ver concretado este libro me llena de profunda emoción, orgullo y agradecimiento, por lo que dedico estas líneas a los otros súper héroes que tan profesionalmente, directa o indirectamente, hicieron posible este libro.

A la talentosa y comprometida Erika Dessommes: qué agasajo es trabajar a tu lado, lo divertida no te quita nunca lo profesional. Tu extraordinaria habilidad para captar y plasmar en palabras (o en números) ha sido invaluable para crear un libro en el que se procura congruencia en cada palabra. Gracias de corazón por ayudarme a cuidar el mensaje y a desarrollarlo con tanto compromiso. Lo valoro muchísimo. No se equivocaron nuestros guías cuando dijeron: "¡No tienen ni idea de todo lo que harán juntas! ¡Sólo digan sí!" ¿Y te digo qué?: te diría sí, siempre.

Al talentoso y profesional Jorge Antelo: gracias por tu disposición siempre "para ir al combate" (como dirías tú), por tu increíble actitud, siempre tan positiva, la cual armoniza cualquier ambiente por más pesado que sea. Creo que tu sonrisa es un talismán disfrazado que ayuda en todas las juntas de trabajo. Gracias por tu esfuerzo constante, tu inigualable disposición en todo momento y por construir este libro-puerta. Eres muy valorado, gracias por darte permiso de brillar con toda tu luz.

A mi talentoso e innovador Victor Sastré: ¡Eres todo un constructor! No paras de construir por dentro y por fuera. Agradezco con todo mi amor tu apoyo constante y tus estrategias inteligentes que han asegurado no sólo este proyecto, sino todos los que soñamos juntos como una misión de vida. Agradezco tu extraordinaria capacidad de aterrizar e implementar, y por anhelar conmigo que este sueño alcance su máximo poder para el mayor beneficio de todos los que venimos a servir. ¿Sabes?, eres un *espécimen* fuera de serie, tienes una inteligencia disruptiva y todos los chistes que necesitamos para hacer de éste, un viaje lleno de sonrisas y meriendas sabrosas.

Al talentoso y creativo Allan Fis: no sólo por la cantidad de horas de dedicación constante, sino por la calidad de las mismas. Eres increíblemente profesional e impecable en todo lo que haces. Nos dejaste a todos absolutamente sorprendidos con tu talento y tu manera de concretar. Es un placer trabajar contigo, siempre.

A mis talentosos y queridos Andrea Salcedo, David García, César Ramos, Maru Lucero, y a todo el equipo de Penguin Random House. Su cuidado y dedicación en todo el proceso editorial han llevado a este libro a alcanzar su mejor versión. Me encanta trabajar con seres tan profesionales y maravillosos como ustedes.

A todo mi talentoso y querido equipo de súper héroes: de manera indirecta también ustedes hicieron este libro posible. Gracias por trabajar juntos en armonía y por superar desafíos con creatividad y dedicación. Son poderosos y se los recordaré siempre. Gracias por desear conmigo la mejor vida posible para muchos, por permitirme "estirarlos", meterlos a la cancha, retarlos y amarlos. Que cada día sientan más poder en ustedes y sean muy bendecidos por siempre, su tiempo en la cancha también ha hecho este logro posible, ¡celebremos que hoy encestamos de nuevo y lo seguiremos haciendo en muchas mentes y corazones!

A mi amada familia: gracias por su apoyo incondicional, su amorcito jocoso y su compañía. En días como en los que hay comidas familiares y en otros en los que deseáramos fueran de descanso, me muestran su amor y su comprensión constante. Mis palabras no pueden expresarles todo el amor y la gratitud que les tengo. Gracias por apoyarme en mis sueños y en mi misión de vida. Ame y José: el cumplir con mi misión no hubiera sido posible si no fueran las personas tan nobles y generosas que son. Laurita y Julián: gracias por ser tan brillantes, les aprendo y los quiero tanto. Que Dios los bendiga siempre familia, los amo y les agradeceré siempre.

A mis muy queridos alumnos y hermanos: su pasión por aprender y querer diseñar la vida de sus sueños, con sus valiosos comentarios han sido la fuerza interior que me ha inspirado a seguir adelante y mejorar mi obra constantemente. Gracias por permitirse ser guiados y por permitirse la *visión* de una vida mejor. Son talentosos, amados y muy guiados. Que Dios los bendiga siempre, los amo y los abrazaré siempre.

A mis amadas *muñecas*: Pau Díaz, Pau Jauregui, Clau Cavia, Renita Sánchez, a las Sommerz, Yill Osollo, gracias por su apoyo incondicional, siempre, son alegría pura y solecitos para mi vida. Que sean muy bendecidas, amadas y exitosas por siempre.

A Jeshua: mi alfa y omega.

"Recorro el camino del amor con gratitud"
Un Curso de Milagros

Introducción

No hay evolución sin verdad

El libro que tienes en tus manos es el resultado de mi evolución. Recuerdo cuando hace cerca de veinte años mis amigos me llamaban para que fuera a sus casas o a múltiples hospitales para que viera a sus parientes. Algunos estaban deprimidos, muchos enfermos, en duelo o desahuciados, otros muy cercanos a morir. Me pedían que los ayudara *como yo sabía,* lo que sea que eso significara. No entendían exactamente qué iba a hacer, ni qué sucedería, pero confiaban en el *resultado de mi conexión con lo divino*, sabían que eso les ayudaría. Y ¿sabes algo? yo tampoco sabía qué iba a realizar, pero lo más importante es que yo también tenía esa *confianza* en ese *Poder*, en Dios, en Jesús, en sus ángeles, o como cada uno llame *a lo que nos conoce y nos sana*. Y sí, siempre pasó esa *transformación*, encontraron alivio, consuelo, sanación o lo que más necesitaban para descansar, por eso *valoro* tanto esa conexión.

Porque sé que esa conexión con lo divino nos trae *claridad, y la Claridad misma es en cada uno.* La consecuencia de esa *claridad* se nota en nuestra salud, en nuestras relaciones, en nuestras finanzas, en todo en nuestra vida, así nuestra existencia se transforma. La Luz nos aclara, el trabajo interior nos aclara, el Amor nos permite ver más allá de nuestras heridas.

Esa *transformación* es hermosa, realmente hermosa. He sido testigo de ella en los ojos de las personas que pasaron del *miedo al amor*, en los que pasaron *del dolor a la salud*, así como esa particular luz en los ojos de los que estaban cerrando un ciclo y cercanos a hacer ese "último" viaje.

Nunca vi que el mundo espiritual les quitara *el lujo* de hacerse responsables de sus vidas, de hecho, lo que he observado una y otra vez es que la verdadera *medicina* es el amor y nos hace cada vez *más responsables de lo que elegimos, ¿¡cómo, más responsables!?* *Sí,* el *amor nos hace más responsables* y *conscientes*.

Cada paso que acepto dar, implica hacer el esfuerzo de ir al siguiente nivel de conciencia, y este libro es exactamente eso, subir nuevamente de nivel. Te estoy invitando en estas páginas a subir a la montaña y que ahí cruces *la puerta*. Juntos vamos a lo alto, y por eso llegarás más profundo a tu interior. Al final esto es un viaje hacia tu interior. No podrás quedarte con una fe pequeña, ni sólo con el consuelo de los ángeles, además de eso, te harás más *responsable* de tu poder para lo que sigue. Lo que ahora se requiere es cultivar la mentalidad de *líder* en tu propia vida conectando con esa *Claridad*. Toca ir al siguiente nivel, subir más alto en la montaña para mostrarte las nuevas perspectivas y posibilidades que te mereces.

Continuemos el viaje, pues vamos cruzando el árido *desierto de la esclavitud* sin darnos cuenta de que vivimos en él, pero en el corazón se vive esperando encontrar la "tierra prometida". Hoy lo que te regalo con este libro, es parte de esa esperanza de la "tierra prometida", ese lugar interior donde encontramos paz y seguridad. Tu paz es importante y tu vida puede tocar e inspirar a la de muchos.

Lo que he canalizado, va más allá de un mensaje, o de varios. Espero te resulte un oasis de comprensión. ¿Qué puede ser más valioso que *la comprensión* que te da claridad? Espero que subas y cruces la puerta, lo que encontrarás te dará paz y la confianza que necesitas.

Este libro es el resultado de mi incansable, determinado y constante esfuerzo por querer encontrar la verdad, en todo lo que hago, en mí, y en lo que te entrego. Y en realidad, es algo mucho más profundo, es la *conexión* con la esencia de *quién eres*. Es el producto de mi búsqueda por ser congruente. Preguntando siempre sin apegos, ¿qué es lo mejor para el plan?

Muchos podrán ver el reflejo de tu congruencia, otros no, pero en silencio podrás saberlo tú. Sabrás lo que es real en ti y lo que ya maduró, escúchalo. Si no haces caso a ese llamado de congruencia, te quemará por dentro. Te faltarás al respeto, ya que no hay evolución sin verdad.

Mi secreto no es sólo saber canalizar.
Mi secreto es que confío como la niña más ingenua
y actúo como el adulto más poderoso.
Siempre lo acompaño con acción.
Confío en que La Verdad me ayudará a cruzar mi desierto.
Y confío que te ayudará a cruzar el tuyo.
Somos guiados.
Shema

EL NO COMPRENDER
TU PODEROSA MISIÓN DE VIDA
EVITA QUE TE COMPORTES
COMO EL LÍDER
QUE ESTÁS DESTINADO A SER,
LÉEME BIEN,
TU VIDA TIENE EL PODER
DE IMPACTAR A GENERACIONES
PASADAS, PRESENTES Y FUTURAS.

01

El líder espiritual exitoso y abundante

"La mente es todo.
En lo que creas, te convertirás".

—Buda

Este no es un libro, es una puerta. Entenderá su valioso propósito quien ya esté listo para cruzarla. Al abrir esta puerta, tendrás acceso a posibilidades que hoy no imaginas. Tu futuro mientras lees estas letras, está cambiando. Las bendiciones tienen su origen al dar el primer paso de *aceptarlas*, y tú has llegado aquí porque tienes la posibilidad precisamente de aceptarlas. Así que, dicho esto, te invito a que hablemos de algo muy importante y crucial para tu futuro: tu éxito.

Verás, a veces cuando surge la palabrita *"éxito"* y pregunto a las personas, ¿qué significa el éxito en su vida?, empiezan a aparecer las caras de extrañeza, el discurso inconcluso que da vueltas, tal vez algunas frases que han escuchado de alguien más, o cambia el gesto a uno de tipo: "¿Qué debería de contestar para parecer inteligente?" "¿Qué significará el éxito para la gente *realmente* exitosa?" "¿Qué debería hacer para ser exitoso?" Y, peor aún, para nosotros, los más conectados con la *espiritualidad*, ¿cómo se mide eso en términos espirituales? Ahí te va mi primera reflexión: he notado que uno de los grandes errores que se cometen en el camino de una *vida espiritual exitosa*, es restarle importancia al *éxito personal*.

No se dimensiona su importancia, se hace menos y resulta aún mayor la incredulidad cuando se junta con otra dichosa palabrita: *Líder*. Imagínate que alguien llegara hoy a la puerta de tu casa y tocara el timbre para entrevistarte:

> Buenas tardes ¡oiga, qué genial encontrarlo!,
> usted que es un líder, cuéntenos
> *¿nos podría hablar por favor acerca de su liderazgo*
> *espiritual tan exitoso y abundante?*

¿Qué pensarías? ¿Cómo te quedarías?, ¿helado? Pensarías: "¿Creo que este hombre se ha confundido de departamento y le tocó a alguien más?" "¿Yo, un líder?" "¡Este hombre está perdido o está loco de atar!" Además, podrías pensar algo como: "¿No sería arrogante de mi parte decir que soy un 'líder'?", o ¿qué tal éste? "siendo sinceros, soy guapa y bien carismática", pero, así como para que me llamen líder en la calle, pues no... ¿o sí?" Podrías pensar eso de ti, pero vamos paso a paso, esto sucede de entrada, porque eso de ser *líder*, se piensa que solamente es de personas que mueven grandes masas, que son famosos, que tienen muchos seguidores, o millones ¡ufff...! "pero no pensarían eso de mí, que tengo una vida *tan normal*." Es más, si me presento así frente a mi familia, seguro se ríen o me dirían, "que poco humilde eres". Ni que fueras Gandhi, Jesús o un gran político, artista, o celebridad. Te vas a sorprender, pero una vez alguien me contestó que si seguía en sus redes sociales a una celebridad como las Kardashian, ¿contaba de algo?

Te explico, en realidad, los líderes, terminan siéndolo porque tienen la posibilidad de *INFLUIR* en la vida de otros, y todos se pueden beneficiar grandemente de que aceptes tu lugar con toda humildad, como líder de tu propia vida.

La definición de liderazgo según el diccionario es: la acción de influir en un grupo de personas con el objetivo de trabajar en equipo y en torno a un propósito.

O bien lo podemos reescribir así:

> Un líder es aquel que tiene la posibilidad de *INFLUIR* en la vida de otros, y al aceptar su rol con toda humildad, las vidas de otros se benefician al trabajar juntos para el más alto propósito.

Si llevamos esto a tu vida diaria, mi pregunta es: ¿Tienes personas cercanas como una pareja, familiares, hijos o amigos que se benefician de tu experiencia personal? ¿Otros se benefician de tu esfuerzo y dedicación? ¿Tienes amigos interesados en tu opinión, que disfrutan pasar tiempo contigo, te preguntan y te valoran? ¿Tienes un trabajo o una empresa que beneficia a otras personas, incluyendo a quienes trabajan allí?

¿El que se beneficien depende de tu habilidad para liderar con confianza, aprovechando tus esfuerzos, conocimientos y habilidades? ¿Crees que tus colegas se benefician de tu influencia? ¿Consideras que tu impacto positivo aumenta cuando estás más centrado? O ¿eres un maestro, terapeuta, guía que influye en la vida de los demás? ¿Beneficias e influencias positivamente a otros, especialmente cuando te comportas desde tu mejor versión?

Si la respuesta es sí a alguna de ellas, te tengo noticias, la situación a considerar **no es si eres un líder o no, en realidad el gran tema es que has sido uno, actuando sin la consciencia de serlo**. Tú eres importante como líder, lo creas o no, lo eres para esas personas, amigos, hermanos, familiares, hijos o equipos de trabajo. Si no fuera así, no se hubieran elegido mutuamente en su camino espiritual, tú los elegiste a ellos y ellos a ti. Pero te hiciste menos, y eso es entendible, ya que no nos enseñaron a vernos como alguien que viene a impactar la vida de los demás simplemente por el hecho de ser tú mismo o misma. No crecimos escuchando ese mensaje. Así que, tal vez actúas como un *líder dormido* comparado con tus inmensas posibilidades de ayudar.

Pero no te preocupes, eso está por cambiar. En este libro te hablaré de cómo ha crecido mi confianza a lo largo de múltiples situaciones y ha aprendido a interpretar los mensajes que el mundo espiritual nos quiere dar para ayudarte y ayudar a otros. Te ayudaré a saber cómo **descifrar diez distintos tipos de mensajes** que el mundo espiritual te está dando, y sí, lo digo en tiempo presente. Esto ha sido una verdadera revelación a lo largo de mi vida y debo decirlo, causa de mucha abundancia.

Por eso te mostraré el paso a paso, sin que a ti te tome años catalogarlos, quizá nunca los hubieras notado. Lo haré sencillo para ti, y te lo compartiré con las historias de cómo el recibir esta guía me ayudó a tener *claridad* a la hora de enfrentar mis más grandes retos personales. Deseo que esta ayuda sea también para ti y por eso te la compartiré a lo largo del libro.

> Sé el primero en apreciar tus desafíos,
> en agradecer tus retos, y tu liderazgo tendrá júbilo,
> ya que tendrás mucho por enseñar.
> No te rindas ante tus dudas
> y la vida te contestará por triplicado.

ACEPTAR PARA CRECER

¿Sabes cómo podría cambiar tu vida al aceptar tu *liderazgo* de manera *consciente*? ¿Prefieres que alguien te enseñe cómo hacerlo mejor? Esta decisión es muy *poderosa*, puede empezar a cambiar la forma como ves toda tu vida de aquí en adelante y a tu pasado también traerá mucha luz, ya que aprenderás mucho de lo que te faltó al observar claramente esa pequeña forma acostumbrada de pensar, y de ver tus patrones de comportamiento.

"¿Para qué quisiera ver esos patrones Tania?, es más, ¡creo que ya tengo claro por qué actúo así!" Sí, pero no basta sólo con eso, si lo tienes súper claro, entonces puedes elegir subir en *la escalera de la responsabilidad* y la abundancia empezará a "caer", como por fuerza de gravedad, simplemente aterriza, llega a ti como si fuera una fuerza inevitable en tu vida.

> Sube en la *escalera* de la *responsabilidad*
> y la abundancia empezará a llegar a tu vida,
> como si fuera una fuerza inevitable e imparable.

Si quieres una *clarimagen* para ayudarte a visualizar, creer y recordarte que eres un líder clariconectado en formación, creciendo en abundancia teclea:

www.taniakaram.com/líder

MÁS ALLÁ DE TU INTELIGENCIA

Si comprendes el poder de lo que te diré, el hecho de entenderlo te invitará a cambiar *la forma* en que te comportas, *aceptarás tu rol sin importar tu edad y condición*. Existen muchos ejemplos en la historia del mundo, de cómo los logros no tuvieron que ver con la edad, sino con la perseverancia. Así que aprenderás una nueva forma de comprometerte, de querer mantenerte *conectado* con algo mayor que tu propia *inteligencia*.

Entonces tu inteligencia ya no actuará en tu contra, ya no sustituirá a la confianza, aprenderás que tu pobre imagen no se interponga ya en el camino más dichoso. Comprenderás lo que es vivir conectado con el amor, y cuando vives *conscientemente conectado* con tu misión de vida *Personal y Colectiva* (que ya he explicado en mi libro *Una Vida con Ángeles* y en *RenaSER*), eso se vuelve rotundamente más poderoso que la ambiciosa inteligencia que confunde el *saber,* con el *ser.* Se trata de que seas tu mejor versión al poner atención en lo que realmente tiene valor.

Lo he visto suceder una y otra vez en mi vida, y en la de aquellos que aceptan *ser guiados,* aunque sea con dudas y llenos de miedos, pero dan el paso. Aquellos que dan un paso un día a la vez, llegarán más lejos que los que se mantienen dudando y esperando terrenos seguros. Quien permita *la guía,* estará permitiendo que el camino a la verdadera abundancia sea mostrado.

No hay escapatoria de tu misión de vida, sólo eliges vivirla dormido o en conciencia, y te aseguro que entre mayor es la conciencia, más te darás cuenta de que la abundancia tocará tu puerta, te agradecerá amablemente por ocupar tu rol, porque eso es lo que hace La Vida, te da oportunidades sin parar y sin excepción.

> Se trata de que seas tu mejor versión al poner atención en lo que realmente tiene valor.

PRIMEROS PASOS

Cambia desde hoy cómo te expresas de ti y usa el poder de las palabras

Antes que nada, escucha cómo te hablas y qué dices a otros acerca de ti. Seguramente ni siquiera eres consciente de qué tanto lo haces, ¿qué cosas te has repetido por años? Tal vez has utilizado equivocadamente el poder de las palabras en ti. Quizás te mides y eres más amable con otros (al menos frente a ellos) que con lo que piensas y dices de ti. ¿Qué tanto repites en voz alta en lo que eres "malo"? ¿Qué tanto dices que eres olvidadizo, que el dinero no se te da como quisieras, que eres desesperado o enojón? ¿O que eres malísimo para las fechas, para hacer ejercicio, para darle seguimiento a las cosas, bajar de peso o con la tecnología? Lo que sea que te digas, cuenta y cuenta mucho. Hoy reflexiona y pregúntate: ¿Cuáles son las formas en las que te hablas y te debilitas?

Una de las cosas que empecé a hacer desde hace tiempo, de manera muy consciente, fue *dejar de hablar mal de mí,* me lo prometí, sobre todo en los momentos más tentadores, es decir, cuando cometía errores. Ahora evito "etiquetarme" cuando cometo un error, me di permiso y la posibilidad de cambiar, en vez de hacerlo un patrón en mi mente. ¡He notado muchísimo la diferencia! ahora guardo silencio y primero reviso si estoy siendo muy dura conmigo y en vez de hablar mal de mí, me digo algo positivo en mi mente: una frase que haya elegido para ayudarme a recordar en que persona me estoy convirtiendo.

Práctica, práctica, práctica

Aquí empieza la práctica: no digas cosas de ti que te debilitan, deja de contar a otros la historia donde refuerzas la idea de que eres *una víctima* de alguna manera, de esa manera sólo lograrás reforzarlo todos los días en tu mente. Nadie llega a ser un líder de su vida si se ve a sí mismo pobre, enfermo, traicionado, tratado injustamente o "no bueno" para algo. Tampoco te repitas que es "poco humilde aceptar que eres un líder", mejor acepta que tienes todo lo que se requiere y lo que aún no tienes, lo aprenderás si es necesario o si así lo deseas. Punto. Hablar bien de ti no es presumir, es salud mental.

Deja de hacer comentarios hirientes acerca de ti, *El Amor* no puede empezar a manifestarse si no das espacio para *ese amor* en ti. Recuerda que, si tienes muchas *grietas*, perfecto, entonces tienes muchos espacios por donde entrará *a nutrirte La Luz*. Todos lo hubiéramos hecho mejor si alguien nos hubiera dicho cómo, sé compasivo. Deja de culparte. Acepta que tú puedes hacer cambios y que quieres ser un mejor líder para tu propia vida. Tu mejor líder.

Te voy a dar un ejemplo de cómo empezar a practicar el hablar bien de ti no sólo te ayudará a ti, sino que tiene el poder de mejorar todas tus relaciones. En una ocasión, uno de los directores en mi equipo de trabajo cometió varios errores en un evento crucial, esos errores fueron muy importantes y si no me hubiera decidido a tomar ciertas medidas determinadas y atrevidas confiando en mi intuición, eso hubiera tenido un resultado *desastroso*, pero, sobre todo, lo que hubiera afectado más, es que hubiera dañado la autoestima del equipo en general.

Unos días después del evento él, como todo un profesional que es, me llamó para pedirme retroalimentación, quería aprender a manejar de mejor forma lo sucedido. En realidad, yo sabía que lo que él necesitaba era *hablarse mejor a sí mismo.*

Me preguntó qué había hecho mal y cómo podría ser mejor líder. De entrada, ya tenía ganado la mitad del camino si actuaba así, quiere decir que esa persona era *entrenable.* Deseaba entrenar su mente con una mejor manera de pensar, y acercarse a ser su mejor versión en vez de justificarse, poner excusas o culpar a otros. Eso hablaba muy bien de él. Estaba deseoso de crecer en la escala de la responsabilidad, y del otro lado, afortunadamente, mi mente estaba decidida a ayudarle con mis palabras a recordar su potencial.

Hablamos poco más de una hora, charlamos de las oportunidades de mejora, pero sobre todo, me quedé pensando en qué frase podría utilizar para darle la vuelta al trabajo que le costaba dar seguimiento, organizarse y concretar en general, para enfocarnos mutuamente en una meta personal que lo ayudara en su transformación y no sólo en un evento que salió mal o en dinero; una frase que le ayudaría a enfocarse

EL LÍDER ESPIRITUAL EXITOSO Y ABUNDANTE / 31

en la persona que en el fondo quería convertirse. Después de colgar la llamada, le mandé un mensaje agradeciendo que el día nos daba algo nuevo para aprender, y le mandé esta frase con su nombre, pues le ayudaría a recordar la persona en la que se estaba convirtiendo:

"El rey de la organización que concreta".

Él me agradeció y agregó una carita feliz en el mensaje, y no tardó nada en hacer efecto esta frase, al día siguiente toda su comunicación hacia el equipo y hacia mí estaba enfocada en ser *organizado y concreto*. Él mismo sintió la diferencia y lo agradeció. *El principio de hablar bien de sí mismo es poderoso*, entre más se repitiera esa frase, le ayudaría más rápido a volverse esa persona.

Este es un ejemplo de cómo puedes ejercer un excelente liderazgo amoroso, con tus colaboradores, con tus hijos, con tu pareja, o con quien decidas aplicarlo. *Les das el poder de hablar bien de ellos mismos*, como ya te lo diste a ti de corazón.

Conclusión, te sugiero hablar bien de ti ya, en tiempo presente, en vez de enfocarte en tus debilidades habla y actúa como la persona en la que te quieres convertir. Acerca tu futuro al hoy y lo empezarás a creer. Estarás más cerca un día a la vez.

Acepta e incorpora nuevas herramientas espirituales con confianza

Ahora, ¿cuáles son las mejores herramientas de un líder? Tus grandes herramientas son tu *renovada confianza* y tu *capaci-*

dad de descifrar los mensajes espirituales que lo divino te da. Te prevengo, a partir de ahora vivirás dispuesto a ser sorprendido, porque te aseguro que lo que encontrarás en este libro te va a sorprender. Acepta lo desconocido con *confianza*, en vez del lugar que te promete el ego: un lugar *seguro libre de retos*, eso no existe. Además, si sólo buscas eso, te tengo noticias, más temprano que tarde harás que tu vida te emocione cada vez menos y tengas cada vez más miedo de dejar "lo seguro". Te lo dice alguien que entiende la diferencia, porque vive como niña pequeña llena de sorpresas todos los días. Eso hace un niño, *se deja guiar y confía*. Mi vida es y será testimonio de lo que muchos todavía no creen.

Mejora tu comunicación interna y con el mundo espiritual

Si no hay claridad en ti, el mundo te parecerá un lugar desconcertante con mucha facilidad. Entre mayor sea tu *claridad interna*, mayores serán *tus resultados* y con cada paso que des tu confianza crecerá. Ya que irás reafirmando que puedes tener emocionantes y constantes resultados. La buena noticia es que te voy a explicar cómo el mundo espiritual está tratando de comunicarse contigo y cómo puedes comprender *radicalmente* mejor sus mensajes para tener esa guía a tu disposición.

Afortunadamente, esto no es una cuestión de inteligencia, ni de conocimientos, y no tiene que ver con tu nivel de estudios. Tampoco tiene que ver con la edad. Lo que estás por descubrir tiene que ver con *la confianza que hace a un líder*. Un líder sin comunicación interna, se vuelve una veleta.

Se deja guiar, según soplen la mayoría de los comentarios en vez de confiar en su intuición. La intuición sirve como un filtro y después se concilia con la guía que estés recibiendo. Irás creando músculo para escuchar a tu intuición y esto se volverá una disciplina interior. Recordando que la disciplina sin amor, se vuelve dictadura. Date permiso de confiar y de equivocarte, es parte de hacer ese músculo.

> Entre mayor sea tu *claridad interna*,
> mayores serán *tus resultados*.

Ahora, profundicemos en esa confianza que destaca al líder, te pregunto:

> ¿Cuántos de los que te rodean,
> brillan por su confianza? Si un líder no confía,
> no podrá guiar a otros, sólo transmitirá su
> incertidumbre de generación en generación.

El ego te dice: "Desconfía y así nadie podrá quitarte, así nadie podrá traicionarte", te dice, "estarás mejor, más preparado si desconfías". Tal vez te sirva también preguntarte si en ocasiones eso no implica restarte posibles oportunidades de antemano. Esas son ideas que te hicieron creer (con su ejemplo, llenos de miedo, sin querer) los que te antecedieron y se murieron creyéndolas, causándoles estrés, aunque tal vez no hubiera necesidad.

Qué tal si en vez de eso, dejas de vivir como si estuvieras medio vivo, *la confianza* te regresará a ser como un niño que puede crear sin miedo, disfrutar de la vida y en consecuencia recibe, pues se ha dado permiso de *confiar en sí mismo, en las personas que han sido asignadas en su viaje y en la vida que puede y merece tener*. Estarás bien cuidado, no necesitas poner ese peso en tus hombros. Entre más desconfíes, más dudarás de todo. Entre más dudes, más te atormentas y te desgastas. Mejor confía, actúa y luego mejoras.

Con esa mentalidad atraerás a más personas que te pueden ayudar en tu viaje personal, espiritual o laboral.

Hablando espiritualmente, conozco el poder de confiar, me ha ayudado a navegar por encima de mis miedos y me doy cuenta de que siempre recibo más. Cuando confío y me abro a pedir ayuda, incluso siendo vulnerable ante los demás, es cuando he visto que recibo más, *cuando me doy permiso de pedir*.

En conclusión, no depende de los demás, no puedes recibir más cuando el miedo te paraliza, hasta el punto de ir más lento, retrasando tu abundancia, porque la falta de confianza se traduce en falta de acción; en cambio, cuando nos damos permiso de ser ayudados por otros, aun cuando dudamos, avanzamos más y más rápido.

Hoy abraza la posibilidad de un nuevo futuro, lleno de confianza. El mundo espiritual siempre te cuida, aunque no comprendas todas sus bendiciones de inmediato.

> Mejor confía, actúa y luego mejoras.

Acepta una nueva visión emocionante de ti

Si quieres ser un líder de tu propia vida, necesitas ampliar *la visión* de lo que quieres que sea tu vida. Tu vida sólo puede ponerse más interesante y emocionante, oye ¡pensar así debería de ser lo normal! Ahora te pregunto, ¿cómo es la visión de las personas con las que has vivido o con las que actualmente te rodeas? ¿Te inspiran, te invitan a crecer? Eso también te ha enseñado hasta dónde imaginarte tus éxitos y tu estilo de vida. ¡Hey! No caigas en la trampa del ego de culparlos, tal vez tú tampoco has sido tu mejor versión para inspirar a otros.

Cuando empieces a interactuar con otros desde *tu nueva forma de pensamiento* de *líder clariconectado*, aquellos con los que te rodeabas te recordarán a ti, a la persona que eras, cómo te comportabas, cómo reaccionabas, cómo discutías, cómo dudabas o desconfiabas. Pero ahora dentro de ti, irás descubriendo que tienes una mayor comprensión, algo en ti habrá cambiado. Sabrás qué decir, sabrás cómo será la mejor manera de responder, de actuar, podrás guiar, podrás ayudar *desde tu paz*, podrás estar de una manera diferente para tu familia y para los que te rodean, y ese es el mejor regalo que te puedes y que les puedes dar.

Desde hoy *acepta una nueva versión emocionante de ti y visualiza esa nueva vida todos los días al despertarte y antes de dormir. ¡El simple hecho de imaginarla, ya te empezará a dar emoción!*

Aprende a estar para ti

Ahora serás un mejor líder, porque aprenderás a *saber estar para ti sin dejar de estar para otros.* "El Amor" no es unilateral, es *omnipresente*, sabe dar y estar para todos. Ante los ojos de los demás, parecerá que eres el mismo, pero tú sabrás en el fondo que *no eres igual.* Algo en ti se habrá despertado, serás el que escucha, el que *pone atención* y actúa, serás un mejor líder en tu propia vida y por lo tanto en la de otros. Dejarás de esperar tanto de otros, los sacarás de tu cárcel de expectativas y empezarás a vivir conectado con tu propio poder. Un líder que no sabe estar para sí mismo no sabe estar realmente para nadie.

Estás dando un paso en una contundente y diferente dirección. Lo que faltaba es que tomaras *tu rol* más en serio, primero como un líder amoroso y amable en tu propia vida, como aquel que apoya a su familia, pero ya no se desvive para *evadir* su propio crecimiento y descubrimiento personal.

Todos los días cuentan, enseña que hoy se levanta una persona renovada, que se sabe dar oportunidades, a su pareja y a los que te rodean. Un líder que confía es el primero en apoyar el éxito de los demás, pues sabe que su éxito está asegurado. Y su éxito no sólo es de él, es de todos.

> Tu mayor éxito personal puede ser:
> Ser el líder conectado con la *claridad*
> que apoya el triunfo constante de otros
> para crecer juntos y crear paz.

ACERCA DE TU ÉXITO

Deja de perder tiempo en discutir

Primero, nadie tiene el poder de discutirte tus pequeños o grandes éxitos diarios, tu éxito lo defines tú a *diario*. Nadie puede discutir contigo lo que te da felicidad, eso es tuyo, disfrútalo todos los días de tu vida y cuídalo. Eso basta con que lo experimentes tú. Habrá algunos que no valoren ni dimensionen lo que te da felicidad, ni el tiempo que inviertes en ello, ni creerán en tus esfuerzos, tal vez es difícil para ellos, porque no comprenden que el esfuerzo da gozo, no lo verán como un logro, pero ellos no son tú, no viven en ti, sólo *perdónalos por lo que no te han hecho* y no olvides agradecer el *maestro que has pedido.*

Además, si dejas de perder energía en discutir con quien no quiere escuchar, si dejas de perder tu energía en discutir *contigo*, ganarás, por el simple hecho de renunciar a *tu necesidad de drama*. Tu adicción al drama te lleva a discutir y a decepcionarte constantemente. Si entiendes y aceptas eso, ahora podrás ser guiado de maneras más claras, empezarás a entrenarte y a tener resultados.

Escucha, confía y actúa. Después llegarás a *ser* la confianza que otros necesitarán ¡eso es algo muy valioso! En consecuencia, los demás estarán amorosa e incondicionalmente para ti. Ya no estarán ocupados, como antes lo estabas tú, en evadir su crecimiento. Si estás ausente de tu propia vida, sin mayores retos y emociones, entonces tampoco podrás dar lo mejor de ti a los que amas. Deja de discutir y estar *ocupado*, que no es lo mismo que estar *creciendo.*

Lo que des, recibirás y en la misma medida

Esto no es hacia afuera, es hacia adentro. **Como te des, recibirás**. Si lo haces al revés, te cansarás mucho más. Y como diría el Kybalion, "como es adentro, es afuera." Si te das, lo verás manifestado, porque será una extensión de ti. Aprenderás mejor y esto será el termómetro de tu éxito. Permítete recibir, si tú das lo mejor de ti, recibirás lo mejor de todos los que te rodean. Empieza a crear este *flujo circular de abundancia* para todos. Tú creces, yo crezco, nosotros crecemos. Crecimiento poderoso sin medida, eso no tendrá fin, ya que la semilla continuará dando frutos incluso cuando ya no estés.

Deja de esperar que los otros lo hagan primero por ti. La mayoría de las personas esperan que los demás les den esa importancia, ese lugar, sin hacerlo ellos primero en su propia vida. Si quieres recibir lo mejor de otros, te tengo noticias, deja de quejarte de ellos o de la vida, no desperdicies tu energía en eso, no te llevará a ningún lado más que a la neurosis, la tristeza o a la enfermedad.

Sólo cuando tú aceptas *crear tu mejor versión todos los días*, es cuando brillas más, es cuando tienes mejor salud, y un buen líder sabe que al mismo tiempo, siempre es *un alumno* que aprende y sana. Considera dar lo mejor de ti de manera consciente, *conectado* con tu versión más creativa, amorosa y *exitosa*.

Si empiezas a cuidar y actuar pensando en el *poder de tus palabras* y de tus *actos*, el impacto amoroso de tu guía recompensará tus esfuerzos, construirás y te acercará felizmente a la persona que quieres ser. Tu intuición, y la *conexión*, estarán a tu disposición para un bien mayor.

Deja de hacerte menos

Por último, *deja de hacerte menos,* a nadie le haces un favor así. Todas tus habilidades en conjunto son importantes, sólo necesitas apreciarlas primero *genuinamente* tú. Tus habilidades pueden ayudar a tus más cercanos o lejanos cuando pones tu intencionalidad en ellas. Te espera un gran cambio, un nuevo camino más amoroso y lleno de gozo. Me emociono por ti.

> Deja de hacerte menos, a nadie le haces un favor así.

En el siguiente capítulo te daré un ejemplo de algo que me sucedió, una gran lección de humildad que me hizo cobrar conciencia de la manera más increíble que te imagines que no debía de hacerme menos. Así comprenderás como *no puedes* y *no debes hacerte menos*, no le haces un favor a nadie al hacerlo, menos a ti.

Ser un *líder clariconectado* es una elección que te conecta de manera consciente con tu *misión de vida personal y colectiva.* ¿Te digo qué?, tu vida no vuelve a ser igual. Incluso si quieres olvidarlo, la vida te traerá el siguiente recordatorio, hasta que aceptes, sanes, y crezcas. Todo te ayudará a recordar y aceptarás tu rol en el despertar.

Tu vida será el mejor testimonio de abundancia que podrás dejar a otros. Bienvenido a la construcción de tu mejor versión como líder *clariconectado*. Hoy es el primer día de tu nueva vida, ¿quieres ver lo que sigue para ti? Estoy emocionada de caminar contigo. ¡Vamos!

02

Deja de hacerte menos, escucha tu intuición y acepta tu rol con amor

"La intuición es a menudo más valiosa
que el conocimiento."
—Albert Einstein

Para empezar este capítulo, quiero que recuerdes siempre esta frase: El Amor te habla a través de tu intuición, y lo que te dice tu intuición puede salvar tu vida de muchas formas.

Existen numerosos descubrimientos de la ciencia, a lo largo de la historia, que cambiaron nuestro mundo para siempre y cuya respuesta fue obtenida en un momento de fugaz "iluminación". Sin saber cómo, obtuvieron la respuesta de manera súbita. Así sucedió con la mismísima ley universal de la gravedad, la cual según se dice que Isaac Newton concibió al estar recostado en el césped y ver una manzana caer de un árbol, o la famosa frase llena de júbilo "¡Eureka!" que Arquímedes pronunció al estar flotando en el agua y le surgiera la idea del peso específico. Mendeléiev, durante un sueño obtuvo la idea de la regularidad de la tabla periódica de los elementos químicos.

La intuición ha sido estudiada, incluso considerada como parte del método científico por algunos autores, y está comprobado que es un proceso cognitivo de nuestra mente.

Por el misticismo que existe alrededor de ella y al relacionarse muchas veces con un origen divino, muchos no desean mencionarla al momento de dar crédito al origen de sus respuestas. Me pregunto, ¿qué no habrá sido su intuición la razón que los llevó a interesarse en determinado problema desde un inicio? Estoy segura, sin embargo, que un día la ciencia terminará de descubrir y aceptar lo que muchos principios espirituales ya nos dicen, que la respuesta no provino de este mundo.

Ahora, la comunicación con lo divino, sentirte uno con la Divinidad es aun un misterio mayor, y el misterio no está mal, es parte de la novela de tu vida de tu historia llena de resistencias a creerlo, y de tu aceptación de la conexión con lo sagrado. Hay algo hermoso en entenderlo así. Me gusta pensar que a veces nuestra vida es poesía que necesitamos permitir que se escriba sola. La poesía puede suceder de muchas maneras. Así que esta historia personal que te contaré es una historia real de cómo se escribió *poesía* en mi vida, así como se escribe todos los días en la tuya, te des cuenta o no. Observa tu poder reflejarse en mi espejo.

La historia comienza y nuestras vidas se entretejen

Tu vida se entrelaza con la de muchos, tejes nidos, acurrucas, vuelas, sucede de todo y muchas veces dejas la reflexión sólo para días lluviosos, y pierdes de vista lo sagrado en esos encuentros. Hablando de encuentros sagrados, lo que te voy a contar sucedió mientras daba un curso y realmente conmovió mi corazón hasta las lágrimas, poesía pura ¿ves? Me gusta mucho recordar esta vivencia sobre todo en los días en los que tengo mucho trabajo por hacer o cuando estoy muy, muy cansada, especialmente cuando tengo que cumplir algún plazo al que me he comprometido (como el de terminar de escribir un libro), aunque eso implique desvelarme o pasar muchas horas continúas sentada trabajando. Afortunadamente tengo muchas historias para recordar que me llenan el corazón, pero sin duda esta que te voy a compartir, es una de verdad inolvidable. Sucedió también para ti, por ti, para traerte un mensaje a ti hoy.

Déjame primero ponerte en contexto, para que te pongas los lentes y en el asiento adecuado para que observes desde la perspectiva correcta este *mensaje* que es para ti. La intención es que recuerdes lo *significativo* que son tus talentos, crezcas tu mentalidad y observes en lo que *se fija* un líder. Es importante dejar cada vez más atrás la mentalidad de alguien que vive su vida sin tener el timón en sus manos y sin la confianza que se requiere. Sí, la confianza que ahora se requiere será aún mayor.

Desde la perspectiva de un líder de familia, de empresa, o de tu propia vida, sabes "cosas" interesantes, importantes, o necesarias, pero no es lo mismo a que sean *suficientes* para crecer o guiar a otros al siguiente nivel. Lo que sabes fue necesario para lograr educar, guiar o llegar hasta donde estés hoy, y en el mejor de los casos *sabes*, pero repito, eso no significa que sea *suficiente* para lo que se requiere de ti en tu siguiente paso en tu *misión personal*, y ¿cómo lo sé?, porque somos seres en evolución y la vida siempre nos está dando oportunidades para crecer. La vida tiene su propio ritmo y etapas, pero siempre quiere que madures, afines y estés consciente de tu poder para ayudarte a avanzar al siguiente nivel.

Si te resistes a crecer, o sigues dudando sólo durará más el sufrimiento, pero no te preocupes, la vida te va a invitar una y otra vez a crecer por las más bonitas, conmovedoras, y grandiosas formas o por las más retadoras, desafiantes y frustrantes: como una crisis, enfermedades, rupturas, muertes, fraudes y todas esas cosas que nunca queremos, pero de alguna u otra manera tarde o temprano suceden, a ti, o a nuestro alrededor, y tienen su poderoso efecto.

Un *Líder clariconectado* sabe que las situaciones retadoras sucederán, no espera que sea diferente a eso, es parte del éxito, es parte del despertar. No se pelea con eso, no le da poder. *Sabe en su interior* que necesita crecer, la confianza en él necesita ser más grande de lo que hoy recuerda. A diferencia de lo que todo mundo anhela, crecemos más cuando no sabemos cómo solucionar algo y eso nos obliga a preguntar y a volvernos más creativos en nuestras vidas. La gran diferencia radica en que, cada vez que hace una acción, si está *conectado*, sabe que será *guiado* hacia lo que *se requiere*, y perderá menos tiempo, no necesita saber de antemano y exactamente qué sucederá, sólo tiene la firme certeza de que será guiado. Incluso cuando no tiene la certeza, de todos modos, da el paso.

Así que, con esta historia real de mi vida te quedará claro el poder que tiene seguir tu intuición y el poder de un líder conectado con la confianza. Además, con esta historia verás, como te decía en el capítulo pasado, cómo el hacerte pequeño no sirve para el plan. También podrás ver cómo la Gran Abundancia siempre te premia cuando eres un *canal conectado*, el cual permite que la cascada de bendiciones llegue a todos los involucrados, inclusive a todos los que hoy, ni siquiera conoces.

Estamos acompañados y somos guiados antes de conocernos

Comienzo diciéndote que era uno de esos días súper interesantes, en los que de antemano sé que disfrutaré muchísimo, ya que son los días que doy mis cursos en vivo. En este caso, sucedió justo antes de la pandemia, así que estábamos de manera presencial. Siempre que me voy a dirigir a una audiencia en vivo de manera presencial, me alegra pensar que abrazaré a muchas personas. Es impresionante la energía que existe en el lugar, se me expande el corazón.

Por difícil que parezca para otros amigos conferencistas o creadores de cursos, a mí me llena de felicidad. Siempre me dicen, "¡yo voy y hablo 30 minutos, máximo una hora, pero aventarme como tú, (desde dos horas hasta 3 o 5 días) no hay forma!" ¡Es demasiado! Yo entiendo perfectamente el esfuerzo que requiere, así como también hay personas que no les gusta tanto el contacto físico con las personas, yo sé que requiere precisamente eso, esfuerzo físico, disciplina, atención constante, pero en realidad lo más importante y el secreto que me sostiene tanto tiempo ahí, es el genuino amor que siento. Y sentir eso, es maravilloso.

Es responsabilidad tuya saber qué te llena, qué te expande como ser, y qué te drena. Terminar muy cansada no es lo mismo que terminar drenada. La diferencia radica, en que puedes terminar muy cansada pero muy feliz, o muy cansada y además drenada, eso significa que eso que hiciste, por pequeño o grande que sea, resta energía y felicidad a tu vida. Repito esto porque es importante: observar qué te suma y que te drena, *es responsabilidad de cada uno, no culpa de otros,* y con el tiempo se aprende para no llegar hasta ese punto. ¡Mira si he tenido que observarme y pasar por ese aprendizaje tantas veces para conocer mis límites!

Para mí, sin embargo, nada se compara con esa alegría y siempre termino tremendamente satisfecha y emocionada. ¡Súper elevada, sin drogas! Estar con las personas me llena de energía, realmente me siento conectada con ellos y sé que los quiero. Sólo hay que aprender a *manejar* los encuentros, conocer tus límites y dejarte guiar para saber con quién se requiere hablar más profundamente. Te digo aprender a *manejar* esos encuentros, porque estos siempre son *guiados*, por lo tanto, si aprendes a escuchar tu intuición, esos encuentros *siempre serán significativos*, para ambos.

Tú y yo estamos destinados a leernos, conocernos, si no, no estarías leyendo esto. La *Sabiduría Infinita* es tan poderosa que cuando tú y yo todavía no nos conocemos o dudamos, ella ya tiene *un plan* para nuestra paz. ¿Te confieso algo? Una noche antes de dar los cursos en vivo me resulta muy difícil conciliar el sueño, ya que desde una noche antes la presencia de La Voz y el Amor están presentes. ¡Me lleno tanto de energía y de emoción, que me es difícil dormir, en realidad me estoy cargando de información! Imagínate, yo ahí acostada, "enchufada", y en mi cara dibujada una sonrisa permanente, (me ha dolido la cara de tanto sonreír) y por otro lado claro, también está la parte de mi mente que repasa, o pregunta al mundo espiritual cómo hacerlo mejor. ¿Cómo será el grupo que tendré mañana?, ¿cómo lo sirvo mejor? Solamente me dan lo que requiero saber hasta ese momento, me dan las características del grupo o la audiencia que tendré. El Amor no tiene tiempo, sólo sabe dar de antemano.

He aprendido que *la guía* siempre llega, no te preocupes, estás más cuidado y acompañado de lo que imaginas. En realidad, lo que toma siempre más tiempo, es lo terrenal, lo operativo, eso es lo tardado, el mundo espiritual no, ese es ultra rápido, la respuesta la tendrás de inmediato. Delegar lo terrenal es lo que se aprende con el tiempo. La guía amorosa sabe cómo cuidar de ambas partes, de ti y de mí, sobre todo cuando aprendes que es importante cuidarte, tanto como cuidar *y terminan siendo los mismos intereses.*

Entonces, retomando ese día del curso, me levanté e hice mi *rutina poderosa.* De las formas más estratégicas, me lleno de energía y pido la sabiduría necesaria para dar el curso. Esa ocasión tocaba el curso de la serie de Espiritualidad Práctica de: *Ego, Autoestima y Poder personal.* No puedo decir que tengo un curso favorito. Somos seres integrales, no venimos a crecer sólo en un área, la que hagas menos la vida regresará a "tocarte en el hombro" para que *despiertes* y no evites el crecimiento.

Sí, a veces uno cree, como yo creía, que basta con la alegría de hacer lo que te gusta o te apasiona. Crees que con eso es más que suficiente. Pero ese día me dieron una grandísima lección que nunca olvidaré, y que es para ti también.

Atreverte a cumplir tu Misión de Vida: salva vidas

Entender esto puede darte una gran ilusión y paz en tu vida. Me parece crucial y he hablado mucho de la importancia de sentirte *conectado y en sintonía* con una misión mayor: es decir con tu **Misión de Vida Personal y Colectiva**. Hace una gran diferencia el saber que lo que te sucede forma parte de un plan mayor. Aunque no lo alcances a comprender, funciona ¡precisamente porque no está bajo nuestro control! El control de lo externo es una ilusión, nos desgastamos porque no comprendemos que no sucederá lo que quisiéramos. Con el tiempo y con educación espiritual aprendes que esto en vez de darte angustia, te da mucha paz y eso no significa que dejes de tomar acción, sólo que estás en la *dirección* indicada, guiada y así todos reciben más. Es un ganar, ganar. En vez de un empujar y desgastarnos todos, al final los resultados te dirán si actuaste desde el ego, o desde el amor.

Como diría Jesús:

"Por sus frutos los conoceréis."

Aunque las cosas cambien o no sucedan como te las imagines, siempre es el cuento que te cuentas, mientras sucede lo que *necesita* suceder. Tu interpretación es la que podemos reenfocar y transformar, más que controlar. Con el tiempo aprendes a no querer controlar ni aferrarte, pasando del "sí ya lo sé", hasta el "ya no sólo lo sé, lo vivo así", ese cambio se nota radicalmente en ti cuando existe una *certeza interior*, cuando se cambia la duda por disciplina y actúas en vez de darte excusas.

Es como cuando una amiga me dijo: "Me sirvió mucho escucharte decir, Tania, que cuando escribiste tu primer libro, *Una Vida con Ángeles*, parecía ser el peor momento emocional para escribirlo, no era el mejor y yo pensaba que era al revés." Porque muchos te dicen que "si no está fluyendo, no hay que insistir."

La entiendo, toma tiempo aprender a distinguir claramente, por eso insisto, *te darás cuenta por los resultados que tengas con esa acción determinada*. Mientras algunos de mis amigos más cercanos y algunos familiares me decían que no lo hiciera, que mejor descansara o me dedicara a arreglar *otras situaciones* que pasaban en ese momento, algo en mi interior, toda mi intuición me decía que debía *de escribir* por más trabajo que me costara, eso implicaba ponerme aún en una situación más incómoda, ¿¡más!? y a pesar de que pareciera que no hay fuerza o tiempo para ponerte más incómodo, el mensaje que recibí era:

> "Este libro será tu medicina, y al compartirlo será medicina para otros."

Entonces me atreví a confiar, no sabía el resultado, no había nada asegurado, pero me decidí a escribir durante muchas madrugadas ese libro, incluso mientras lloraba escribía. *No discutía* con la guía, solamente lo escribía, a pesar de todas las posibles dudas, no me detuve hasta terminar. Quedarte sin empezar es lo más fácil, detenerte también, hacer lo que *no* es cómodo es lo que requiere disciplina, confianza y eso hace a un líder. Detenerme hubiera sido lo más fácil, pero he aprendido que, en tiempos de *crisis*, ¡es cuando más hay que hacer caso a la guía que recibas! Saldrás más pronto de esa cueva.

Todos los pequeños pasos que requieran de tu confianza y los des, sumarán hasta que hayas recordado completamente *a dónde* perteneces. Dar ese paso, por ejemplo, me llevó a más cambios radicales en mi vida, en mi historia personal. Te hago el repaso ultra rápido: en un inicio la ceguera y la parálisis me llevaron a elegir dejar una vida empresarial, sin saber si habría futuro, si habría dinero, si sanaría, nada importó más que *la guía*, por donde fuera guiada por ahí andaría, y la guía tenía razón, no podría imaginar un mejor camino. Te repito, si dudas, *ve si seguiste tu intuición, tomaste acción y luego voltea a ver tus resultados*, eso es muy importante. "Por sus frutos los conoceréis." Puros recordatorios de confianza para ti el día de hoy.

> Todos los pequeños pasos que requieran de tu confianza y los des, sumarán, hasta que hayas recordado completamente tu poder.

Cuando después ya daba cursos, transmitía mis videos cada semana, el libro *Una Vida con Ángeles* no sólo se volvió best-seller, sino que vinieron más best sellers, uno tras otro, *Tiempo de Arcángeles*, *RenaSER* y, como posiblemente sabes, mi ceguera y la parálisis intermitente desaparecieron ¡desde el día uno! que di la primera sesión de canalización con ángeles, ¡¿así o más grande la confirmación de que eso era lo más adecuado?! Es decir, es muy importante que leas esto, porque lo que te quiero resaltar así grande grandote es: ¡Es fácil confiar cuando ves los resultados positivos!, pero mi confianza no hubiera crecido, si estuvieran asegurados y firmados los resultados.

No tengas necesidad de eso o te retrasarás. Tener confianza es más importante que tener dinero. No sabría si estaba siguiendo mi intuición y la guía, si no hubiera *invertido* mi *tiempo, energía y recursos* de antemano, y no lo sabría, si a partir de una *crisis* no me hubiera *atrevido*. ¡Atrévete y aprende! Eso es lo que menos quiere la mayoría de la gente. Quieren ver resultados, pero no quieren invertir su tiempo, dinero y energía. No quieren crisis, pero no se dan cuenta que la invitan a sus vidas, ya que a veces es la única forma en la que están dispuestas a escuchar, hasta ese entonces probar opciones, aunque ya les habían presentado tantas y prestaron oídos sordos.

> Tener confianza es más importante que tener dinero.

Si tienes confianza, puedes volver a hacer dinero una y otra vez. Puedes volver a empezar una y otra vez lo que sea. Si no das el primer paso y confías, no puede regresar a ti lo invertido. Es como sembrar, cómo quieres ver los frutos sin la *inversión constante* que requiere la siembra. Si no le das agua de manera constante, si no pones fertilizante, si no estás preparando constantemente la tierra, ¿cómo esperas tener una gran cosecha? Si no das de manera constante, no recibes frutos de manera constante. Ahora observa tu vida, y probablemente no está llena de los *nutrientes* que necesitas para crecer más, por eso el mundo espiritual quiere nutrirte, guiarte, darte y regocijarte con la satisfacción de dar frutos. Te aseguro, tu trabajo será premiado y tus frutos alimentarán a otros.

> Si no das de manera constante,
> no recibes frutos de manera constante.

Y mira, te entiendo, he andado ese camino y sé la maestría que requiere *la confianza*. Tiempo atrás en mis inicios, cuando "salí del closet" de una vida empresarial y pasé a un camino espiritual, pensaba: "Si renuncio y hago esto, adiós, good bye a mi carrera como economista, nadie más me contratará", aun así lo hice, preferí sembrar. Hoy pienso muy diferente, claro, hoy no veo ninguna pérdida, sólo ganancias, pero cuando me decidí no había ninguna garantía. Me aviento y luego averiguo si abre el paracaídas... de ese tamaño es mi confianza.

¿Sabes?, te digo que no te agobies, *la confianza se construye*, sólo da cada día un pequeño paso, es mejor un paso pequeño pero constante, que querer aventarte del balcón de repente para andar el maratón. Un día recordarás que no puedes fallar, sólo estás aprendiendo, hasta que *recuerdes* completamente quién eres. Ahora te pregunto ¿te estás atreviendo? ¿Estás confiando así?

Entonces que no se te olvide, cuando *todo tu ser* sienta que debe hacer algo, *date una oportunidad*, tal vez no sea el resultado que esperas, pero tal vez suceda algo mejor y aprenderás a volar. El Amor siempre te premia cuando haces caso a la guía. Y para muestra, sigamos con la historia, pues viene la parte más poderosa, porque ahora sí ya tienes los lentes puestos y tu nivel de conciencia ha cambiado, estás listo para recibir el mensaje a otro nivel.

Tu siembra siempre dará frutos

Mientras daba el curso de *Ego, Autoestima y Poder Personal*, llegó el momento de hacer una dinámica llamada: *SÓLO POR HOY*, donde hacemos nuevos acuerdos para nuestra vida. Afortunadamente ese día se encontraban mis padres en la audiencia, y a mi madre le tocó "por coincidencia" trabajar con una chica hermosa, cuyas revelaciones sorprendieron inesperadamente a mi madre... la conversación fue en resumen así:

Mi madre le preguntó,

—¿De dónde conoces a Tania? —claro, ella no sabía que era mi madre.

—Ufff... si le contara señora, Tania no sabe cuánto le debo...

—¿A qué te refieres? ¿Cómo que le debes?

—Sí, a Tania le debo mi vida...

—¿¡Cómo?! Hablas en sentido figurado o... —respondió mi madre sorprendida.

—¡No, literalmente de estar viva hoy! Yo estaba un día en mi cuarto y estaba teniendo una crisis horrible, estaba decidida a matarme, eso ya venía pensándolo desde hacía tiempo. Pero ese día, de verdad creí que sería el último. Estaba justo en esos minutos desesperantes antes de suicidarme y pensé, "de la nada", entrar a YouTube para ver si encontraba algo que me convenciera de no hacerlo. En mi desesperación, rápido pasaba y pasaba uno tras otro los videos, pensé que nada me calmaría, de verdad estaba desesperada... De repente me salió un video donde Tania hablaba, yo nunca la había visto, no sabía quién era, ni qué hacía, su video me calmó. Se me hizo interesante lo que decía y al final justo platicaba que iba a dar este curso y pensé, "eso es justo lo que necesito 'Autoestima y Poder personal', pero seguro va a ser una chafada", yo como no la conocía y no la seguía, sólo me gustó lo que decía y pensé, "bueno, si entro al curso, al menos tendré una razón para no matarme ahora, pero me dará la seguridad que me hace falta para hacerlo después, ya que cuando atienda al curso, seguramente me decepcionará y ya si ella me falla, ya no tendré esperanza en nada bueno... será justo lo que necesito para quitarme la vida..."

—¿De verdad es cierto lo que me dices? —preguntó mi mamá muy sorprendida.

—¡Todo es cierto! Así fue como llegué al curso. No podía creerlo, pero en el curso me empecé a sentir distinta, algo feliz, al menos no estuve pensando en matarme, me ayudó a empezar a ver lo que no veía y de verdad hasta me reí... porque ya ve que a Tania le gusta contar chistes. No podía creer cómo me sentía, en la meditación final lloré y algo... sané. Cuando Tania terminó, anunció el siguiente curso de la serie de **Espiritualidad Práctica**, (son en total 7 cursos aplicados a distintas áreas de nuestra vida), yo había llegado directo al tercero de estos cursos señora, y el que seguía era el de chacra corazón, el de las relaciones, "Sanación, Pareja y Matrimonio". Pensé, "me encantaría seguir sanando, pero qué tan bueno puede ser, no puedo tener tanta suerte de que dos cursos me parecieran buenos, ¡no, seguro en ese sí me va a decepcionar!... y ahora sí tendré la fuerza de esa decepción para matarme... ni modo, dos ya sería mucha casualidad que fueran buenos, así que me inscribí." Para no hacerle el cuento largo, señora, ¡terminé yendo a los 7 cursos, y cuando terminé, me volví a inscribir A TODOS para volver a comenzar!, ¡esta es mi tercera vuelta completita...! Me fui haciendo más fuerte, y hoy ya no pienso en suicidarme, entendí muchas cosas... en serio a Tania le debo mi vida.

Como verás ya no se trataba sólo de lo que aprendía, de fórmulas o de acumular conocimientos, quería estar *conectada*. Quería vivir sintiendo esa confianza, esa fortaleza, eso que nos llena por dentro, un día a la vez. Es decir, se puso a sembrar en su vida. Como verás, yo no le di dinero, no le di algo físico, ni le di recetas generales, le di algo mucho más nutritivo que eso. Le di fuerza, le di confianza, amor, de manera organizada y sostenida, esas se vuelven "las palas" para sembrar día tras día en nuestra vida.

Le dieron agua, *le dieron* de beber, el sediento encontró el pozo porque se paró y anduvo. *El Amor* le dio el rumbo que sus pies debían de seguir, pero *ella* decidió ir. Además, si te fijas, no lo hizo una vez, lo hizo de manera *constante,* decidió volver a ir y volver a ir, siguió nutriéndose. Eso quiere decir que empezó a dejar de dudar tanto, pasó de tener tanto enojo y miedo, y lo intercambió por algo más amoroso dentro de ella. Cuando te empiezas a querer más, te das más. Encontró algo más grande, *un propósito* para estar viva dentro de ella misma, y no sólo por las cosas que podemos comprar o conseguir.

Por supuesto, mi madre lloraba al escuchar esto, y en vez de hacer el ejercicio, a la distancia guiaron mi atención hacia ellas, me di cuenta de que estaban teniendo un gran momento de intimidad. Lo mismo que se requiere para que hoy yo te pueda compartir su hermoso testimonio. Cuando el ejercicio estaba finalizando, pedí que abrazaran a la persona que tenían enfrente, noté que ellas lloraban muy conmovidas. Me bajé del escenario y caminé directamente hacia ellas y les pregunté si todo estaba bien... a lo cual mi madre de inmediato volteó y sólo me contestó:

—¡Abrázala!

—¡Con mucho gusto! —contesté.

Y sin pensarlo la abracé, noté como su cuerpo se estremecía por el llanto. Mientras lloraba en mis brazos, yo me sentía conmovida hasta las lágrimas también, sin saber por qué exactamente, pero tuve el gran regalo de abrazarla. Sé que realmente estábamos entregadas en ese abrazo. ¿¡Cuánto amor puedes sentir por alguien sin "conocerlo"!?

La gente a mi alrededor empezó a acercarse rápidamente cuando me vieron debajo del escenario, pero cuando nos separamos nos quedamos viendo fijamente, con mi mirada le decía cuánto la amaba, y ella... no dijo una sola palabra, me parece que no podía por la emoción, hasta que sólo me dijo un sentido: *"Gracias, Tania."*

Yo ignoraba por supuesto la historia que "por coincidencia" le había platicado a mi madre. ¿Tú crees que fue coincidencia este encuentro? ¿Tú crees que esta persona salió de su casa ese día y terminó justo enfrente de la madre de la persona que un día evitó que se quitara la vida "por casualidad"? Esta mujer llegó al salón y además se sentó entre cientos de personas, justamente a lado mi madre, "por casualidad", sin que ninguna de ellas supiera que ese encuentro era perfecto y ¡¿nuevamente por *casualidad* se eligieron para hacer el ejercicio juntas?! Así de grande es el Amor que te cuida y te procura estos encuentros. Como te dije, siempre son mutuamente beneficiosos. Tenía que ser mi madre para que me hiciera llegar este *mensaje de validación* del universo, que hoy también es para ti.

Después de abrazar a esa chica y después de repartir unos cuantos abrazos más a otras hermosas personas que se acercaron, me trepé de nuevo al escenario a continuar con el curso, sin enterarme de la maravillosa historia y de cómo había cambiado su vida.

Peeero, como te digo, el Amor te premia por hacer caso a tu intuición, a *la guía* y por haber dado pasos a ciegas, pero con confianza. Tú siembras y se te olvida el impacto que tu confianza puede tener, pero al Amor, no. Cuando terminó el curso, todavía firmé libros por varias horas más. Mientras tanto, mis padres me esperaron pacientemente; de verdad me alegra tanto que vayan, y les agradezco tanto su comprensión por esperarme siempre en todos los eventos que me acompañan. Hasta que por fin salimos todos juntos a comer. Aunque era tarde, mi madre venía emocionada y seguía, claro, conmovida por lo que había pasado. Llegamos al restaurante y en lo que nos daban la mesa, ella me empezó a contar:

—¡Te tengo que contar lo que pasó Tania!

—¿Qué pasó ma, cuéntame, y por qué llorabas así?

—¡No sabes lo que hiciste!

—¿Yo? ¿Qué hice?

Me empezó a contar la historia y ambas lloramos, sentía la emoción en todo mi cuerpo y justo en un momento, cuando exclamé con ambas manos hacia el cielo mi alegría, justo en ese momento, flotando en el aire, suavemente se posó una pluma blanca, salida de no sé dónde, en mi mano derecha. ¡Las dos nos sorprendimos aún más! ¡Wow! ¿Cómo había llegado a mi mano tan perfectamente? Nos abrazamos, lloramos, y dimos gracias a Dios por su vida, y por recordarnos *el poder de la confianza.*

> Para crecer en confianza y hacer caso a tu intuición puedes descargar una *clarimagen* que te ayude en: www.taniakaram.com/confianza

La confianza te lleva a actuar antes de tener una validación

Cuando hago videos como el que esa chica vio, el que sea, te aseguro que nunca pienso que eso pueda salvar una vida, ¿ves? no puedes ver de antemano *contratos firmados*, pero en efecto están firmados y hoy esa vida tocará la de otros, y así continuará el efecto del milagro si se da el cambio de percepción.

La razón por la cual te lo explico con mis ejemplos de vida no es porque quiera vanagloriarme de mis logros, es porque si no lo hago así, resto a la posibilidad de que abras tu mente y vivas los tuyos; mi deseo es sumarte lo más que pueda con mi experiencia. Quiero mostrarte que, si no hubiera confiado, si yo no me hubiera atrevido, si no hubiera invertido mi tiempo, mis talentos, mis recursos y mi energía, ¡eso no hubiera sucedido!

El maestro no se hace en un lugar "seguro". Si me hubiera quedado llorando mi crisis, no le hubiera podido ayudar a superar la de ella.

Siempre me resulta sorprendente lo que *las palabras* puedan expresar más allá de lo que nos imaginamos. Muchos lo llamarán *coincidencias*, pero son tantos detalles que se conectan, que es imposible sea fortuito coordinar con esa sincronicidad y exactitud. Por mi parte, no podría organizarlo ni de manera cercana, en mi más remota imaginación.

El que se deje guiar, vivirá inspirado, tendrá su vida misma para nutrirse y nutrirá a otros. En cambio, cuando juegas a hacerte pequeño, dejas que el mundo se pierda tus regalos, aunque desconozcas cuales son o serán. Cuando te atreves, verás los frutos.

Ahora te pregunto ¿qué cosa en el mundo puede superar eso? Si quieres empezar a vivir así, deja esta nota en un lugar en el que siempre la puedas ver, el recordatorio es el siguiente, escríbelo en primera persona:

> *"Sembrar en mí confianza*
> *siempre me dará frutos*
> *y el Amor siempre premia mi valentía."*

Confiar te vuelve poderoso sin medida, más allá de lo que puedas imaginar o planear. Creerte pequeño, en cambio, no te ayuda ni ayuda a otros. Te volverás visionario en la tierra de los ciegos. Ocúpate de sembrar y el Amor te ayudará a ver los frutos más pronto de lo que imaginas. *Confía* y ahora ¡vayamos a nuestro siguiente capítulo que ha llegado la hora de *crecer en claridad*!

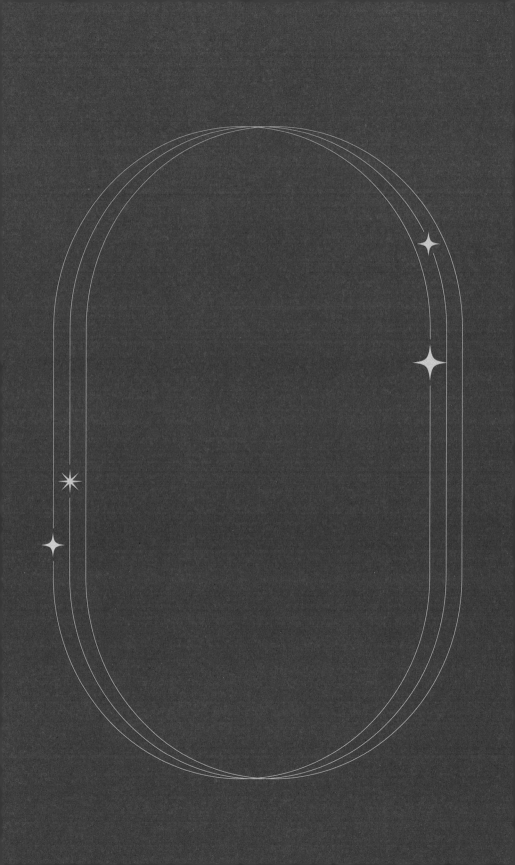

03

Clariconexión

"La claridad interior es la clave para
desbloquear el potencial humano."

—Deepak Chopra

Recuérdalo siempre: todo líder que busque tener claridad,
brillará naturalmente al obtenerla.

    ¿Qué tan claros pueden ser los mensajes del mundo espiritual? ¡Muy CLAROS! ¡Sorprendentemente claros! ¡Pueden darle extra-claridad a tu vida! ¿Tienes tiempo para salir de la caja? El ser un líder clariconectado con su intuición puede abrir tu mente a increíbles posibilidades. Desde que soy una niña he podido experimentar esta conexión y me continúo asombrando de los mensajes, desde los más *sutiles* hasta llegar a los más *contundentes* que puede darte *la Voz del Amor*.

He terminado llamándolo así, ya que podría explicar mejor el origen de los mensajes, no sólo como los mensajes de *ángeles*, sino ampliamente como "La Voz del Amor". Esto lo hago por diversas razones, una de ellas es porque para mucha gente genera confusión el creer que *debes* tener alguna religión en particular para *creer* o *aceptar* un mensaje de *los ángeles*, y lo que quiero es ayudar al mayor número de personas a que acepten la ayuda que les quieren dar, y no que se preocupen por si es algo religioso o no, cada quien tiene su camino espiritual.

Otra razón es porque supone una separación la idea de que están "afuera" de ti, cuando en realidad están en perfecta unión con Dios y con tu esencia divina. Dentro de esta perfecta unión con Dios también sucede la comunicación. Además, en mi caso también puede ser con el mensaje de algún ser amado que ya trascendió. Pero el punto de encuentro, el común denominador es que siempre proviene del Amor, de Dios y ese amor es tu origen y tu esencia. Es más importante que aprendas *a recibir*, a que juzgues *la forma* que adopte la *Voz del Amor* para acercarse a ti y ese es el propósito de este libro, que recibas en abundancia y aprecies la conexión divina con claridad.

La forma puede cambiar, pero "El Amor" sólo sabe dar, sólo sabe ser Amor, sólo sabe guiarte, las etiquetas que cada uno elija son decisión propia y las respeto profundamente. No te digo en qué creer, sólo te comunico *el mensaje* que tienen para ti y repito, pueden ser *muy* claros y alumbrar tu camino con una guía impresionante. La Luz busca mostrarte y abrirte el camino ante tus incrédulos ojos.

Toda mi vida no alcanzará para contar de todo lo que he sido testigo, pero continuaré dando testimonio de lo extraordinario que es, y cómo el mundo espiritual conecta las vidas de las personas con un propósito firme, necesario y amoroso, aunque lo comprendas mucho tiempo después. Une a las personas perfectas y de maneras sorprendentes, nos da la guía y las respuestas más amorosas que *necesitamos*.

No importa la cultura, religión, raza o creencias de las que provengan las personas, tanta gente que he canalizado en mis cursos me lo muestra, a ninguno de ellos les preguntaron cuál religión practicaban, no era un requisito, a ninguno le han negado un mensaje o la guía por no ser de una religión en particular, o incluso no tenerla. Sólo sé que Dios, Universo, Amor Perfecto, como cada uno lo entienda, se presentará en la forma *que tú le permitas*, y cuando se lo permitas *será poderoso*. El Amor sabe cómo proveer siempre. La pregunta es ¿sabes recibir?

> Todo líder que busque tener claridad brillará naturalmente al obtenerla.

Hablando de recibir, para eso se requiere abrir tu mente a *nuevas posibilidades*, no creces si no te permites *nuevas realidades* y esas empiezan siempre en tu mente. En un momento voy a contarte una historia personal (y muchas dentro de este libro) en donde *un solo mensaje* recibido en esa ocasión salvó mi vida. Verás cómo con otros ejemplos que te daré, al aceptarlos me derivó en tantas ramificaciones de abundancia, que sorprenderán a cualquiera que quiera escuchar.

Incluso a los escépticos, los que necesitan "ver para creer" como Santo Tomás, los invitaría a una semana de mi vida, para sorprenderse de cómo todo parece dirigirse por una inteligencia superior. A veces dudas, porque al caminar entre la tierra de ciegos, te confunde y te acostumbras a creer que la ceguera es lo normal. Por eso este libro que te entrego es una vacuna para la ceguera. Está más cerca el día en el que no cabrá duda alguna en ti y estarás más cerca de recordar la conexión con tu poder. Eso sucede cuando haces caso a los mensajes del mundo espiritual.

Cuando recibes una señal, pones atención al mensaje repetitivo y tomas acción, ¡ufff es como entrar a una carretera de alta velocidad! ¡Desatas nuevas posibilidades inimaginables! Es como darte permiso de abrir la llave, sólo que, en vez de gotas, sale un río de bendiciones que se abre paso hacia el mar de abundancia. Toda mi vida es testimonio de esto. Mis más grandes logros y momentos se deben a la guía que he recibido y a cómo he actuado en consecuencia.

> Cuando recibes una señal, pones atención al mensaje repetitivo y tomas acción en la dirección indicada, dejarás de perder tiempo y conectarás con nuevas posibilidades de abundancia.

La forma en la que recibes los mensajes

Antes de pasar a una de mis experiencias personales, te voy a explicar algo muy importante que he descubierto, organizado y catalogado de acuerdo con la forma, tiempos de duración y sus diferentes propósitos al momento de *recibir los mensajes del mundo espiritual*. ¡Esto me ha tomado cerca de 20 años observarlo y analizarlo cuidadosamente!

Esto que estás por leer no es algo que exista en ningún otro lado, y ahora lo puedo compartir contigo después de recibir miles de mensajes personales. También por otros miles de personas que estuvieron abiertos a recibir. Ahora voy a compartir esta información contigo para que llegue a ti de manera fácil, ordenada y ¡que te ahorre mucho tiempo y dudas!

¿Para qué sirve? La guía que estoy por compartirte te será de mucha utilidad cuando quieras comprender de manera muy puntual la forma en la que el mundo espiritual se comunica contigo y en lo que es más conveniente poner atención dependiendo del *tipo de mensaje* que llegue a ti.

Antes de leer esto, tal vez en ocasiones solías pensar que "de repente" llegan ideas o intuiciones, mensajes por coincidencia, pero no es así, te aclaro, los mensajes *repetitivos* que la vida te ha estado dando, no son coincidencia, es una forma de comunicación. Una vez es coincidencia, la segunda vez puede empezar a llamar tu atención, la tercera es *repetición constante y alineada en el mismo sentido*. Sería necedad y falta de curiosidad no atenderlos.

No vivimos en un universo sin orden y sin propósito. Tu vida es más guiada de lo que crees y si aprendes a "clariconectarte" con ese propósito superior, empezarás a vivir notando que cosas increíbles empiezan a suceder y empiezas a vivir en un estado de gratitud y de asombro en vez de uno de incertidumbre. Empezarás a sentir que tu abundancia está asegurada. Sí, porque no podrás creer que sólo es "buena suerte" cuando se repite tanto a lo largo de tu vida. Sabrás que algo ha pasado porque "parece mágico", algo hiciste que "tu suerte" cambió, que sales del estancamiento, pero ¿te digo algo? no hay personas con más suerte que otras, ni siquiera existe la suerte, existe la sincronicidad. Te darás cuenta cómo tienes más certeza en cada decisión que tomas, no sólo eso ¡tus decisiones se volverán estratégicas para tu futuro! ¿Te gusta esa idea? ¡Pues corazón hermoso, agárrate que aquí vamos! Primero debes tener muy claro lo siguiente.

¿Qué es la Clariconexión?

En mis libros previos, desde *Una Vida con Ángeles* te he hablado de las 4 habilidades psíquicas que se han estudiado. En mi libro, *Tiempo de Arcángeles* te doy numerosos ejemplos de lo que se logra con esta conexión. Te enumero aquí las 4 habilidades psíquicas, sin que el propósito de este libro sea profundizar en ellas. Te las enumero solamente para que las recuerdes, éstas son: la clarividencia, la clarisensibilidad, el clariconocimiento y la clariaudiencia.

Estas son distintas formas de recibir mensajes del mundo espiritual, tendrás más desarrollada alguna en particular. Se manifiesta una más que otra de acuerdo con tu personalidad y las formas en la que te relacionas principalmente. Pero lo que te voy a compartir es diferente y único, es importante que empieces a comprender las diferencias significativas si quieres comprender mejor los mensajes y la guía que te aseguro que te están dando.

La Clariconexión, tiene como objetivo que recibas esos mensajes del mundo espiritual con una mayor comprensión y certeza en tu actuar. Mi interés es que comprendas ahora mucho más lo que es posible. Sueles decir "lo que me llegó fue esto". A través de tus habilidades, las conozcas o no, eso es lo que solemos hacer y confías un poco "a ciegas" en tu intuición, esperando que sea correcto, y que ojalá no te equivoques. Eso va a cambiar con este libro.

En este libro profundizaré mucho más de lo que sólo "te pasa" y "te llega". Aún no conoces las distintas formas y propósitos de los mensajes que te entrega el mundo espiritual, y ¿te digo qué?, tienen un orden perfecto, me dejan boquiabierta con su sincronía, es como ver con un telescopio gigante el imponente universo con todas sus estrellas. La clariconexión es para que veas con toda claridad, con la ayuda de ese telescopio. Te quedarás en un estado de asombro ahora que conozcas acerca de ese telescopio al alcance de tus manos. Así podrás comprender como nunca lo que te está pasando. Las personas que tienen *claridad interior* terminan con grandes resultados en su vida. Aquí te hablaré del *propósito* de los diferentes *tipos de mensajes espirituales y cómo es que sucede cada uno*. Esto es sumamente poderoso, ¿listo?

¡Clariconéctate!

La Clariconexión. ¡Primero súper aclaremos eso! Es el instante en el que te conectas con La Fuente y sucede la comunicación con la *sabiduría* de manera directa para tener claridad. Es como si salieras de la realidad que el ego construye todo el tiempo frente a tus ojos, y puedes accesar a la información verdadera, a la respuesta, energía o visión que necesitas para tener claridad súbita en tu vida. Para simplificar, clariconexión significa:

conectarse con la *Claridad*. Puedes ver el universo que ahora no ves, y ese siempre tiene la posibilidad perfecta para ti.

Piensa que es como tener *la contraseña* de la caja fuerte más grande del mundo repleta de sabiduría, la clariconexión sería justo ese momento en el que logras descifrar la combinación y abrir la cerradura. El resultado es: pásele, ¿qué información necesita? Pero ahí hay muchísima información. Para acceder a ella entonces tienes que *sincronizarte* para tener ese acceso.

Una vez que estás clariconectado, es importante que sepas, hay distintos *tipos de mensajes*. Es muy importante entender esto, ya que los mensajes que puedes recibir tienen distintos *propósitos*. No te hablaré sólo a través del método, que sería *la forma* (la clarividencia, clarisensibilidad, el clariconocimiento, la clariaudiencia) mediante la cual entras a la *bóveda de sabiduría*, si la abres con pinzas, explosivos, agujas de tejer, arte de magia...

La clariconexión es justo el momento en el que te alineas con el universo, sabes la "contraseña" y tienes acceso a la bóveda. Punto, *voilá,* ¡lo lograste! es como si oyeras ese maravilloso "click" cuando sabes que lo tienes. Te sincronizas, lo sientes y tienes esa información que hace "click". Ahora viene otra parte muy emocionante, lo que encuentras en la bóveda ¡está organizado de distintas maneras! ¿Por dónde empezarías a buscar? ¡Hay muchísima información accesible para ti! ¿Qué tomarías primero? Recuerda, te están esperando y tienes que regresar pronto con algo, ¿cómo sabes dónde buscar lo *más* adecuado para la ocasión? Tic, toc, tic toc.

Muy bien, ¡estás por saber diferencias importantes que pueden eliminar frustración y darte más detalles de lo que está sucediendo en esos instantes que recibes un *mensaje del mundo espiritual*! Antes pensabas que recibías un mensaje, una intuición y ya, tal vez hacía "click" contigo, pero *no sabías qué hacer luego*. Entonces no importa que tengas acceso a la bóveda secreta de información, porque no comprendes exactamente qué efecto va a tener "eso", qué tanto va a tardar en darte beneficios esa información en la que confiaste, o si es seguro moverte, ¿invertir?, cómo "eso" va a funcionar en tu futuro, no sabes cómo está ordenado y cómo lo va a estar para tus decisiones futuras y alineado con lo que está sucediendo hoy en tu vida. ¿Te digo qué?, aquí es donde entra mi estado de asombro puro, porque te digo que es abrumadoramente per-fec-to.

Algunas veces haces caso a esa intuición y otras no, algunas veces parece claro y otras confuso, ¿por qué será así, si el universo es muy claro para todo aquel que voltee a ver las estrellas? Si aprendes de esto podrás resolver tus dudas mucho más rápido y si además ya aceptaste ser un líder de tu propia vida y aceptaste el rol que te corresponde, entonces tu vida está por cambiar radicalmente. Como abrir tu mente a cosas maravillosas toma tiempo, te anticipo que probablemente tendrás que leer este libro varias veces o tenerlo de cabecera, porque hoy y en muchos sucesos te estará dando respuestas a lo que te está por suceder, y me alegra muchísimo porque sé que también podrás beneficiar a muchas personas.

La diferencia entre *canalizar* y la *clariconexión*

Dejemos esto súper claro ahora en la vida cotidiana. Te lo voy a seguir explicando de varias maneras para seguir abriendo tu mente. La clariconexión es el momento en que tu *mente* y tu *disposición* están alineadas para recibir un mensaje del mundo espiritual. Es el momento en el que sales de una realidad ilusoria y tienes acceso a los mensajes del mundo espiritual, a la *bóveda de la sabiduría, a lo que es real*. Es el momento de la conexión con *La Fuente*. Sin esa conexión con *la Claridad*, no puede darse la *canalización* de palabras, mensajes o visiones que son la guía.

Para ser muy específicos, recuerda el ejemplo visual que te di, la clariconexión es el momento en el que puedes descifrar la contraseña y abrir la caja fuerte de la sabiduría infinita; ahora, *canalizar* es una *segunda habilidad*, que consiste en entender el orden de la información que hay adentro de la caja fuerte; y una *tercera cualidad* es saber comunicar (entregar) de manera ordenada la información abundante que hay adentro de la caja fuerte.

> La clariconexión, la canalización,
> y la entrega de los mensajes,
> son tres distintas habilidades.

¿Ahora es más fácil entender la diferencia, cierto?, es como si se le hubiera caído un velo a lo desconocido, a partir de ahora lo comprenderás de una manera muy diferente, será más claro, celebra ese paso, es un gran paso, ya me entenderás mejor. Cada una de esas habilidades se pueden pulir y entrenar. ¿Y te digo qué es lo mejor?, que esta importante diferencia es sólo el principio de lo mucho que estás por aprender. Después de toda una vida dedicándome a canalizar mensajes del mundo espiritual y ayudar a crecer en conciencia en distintas áreas de su vida a miles de personas, puedo decirte con certeza que existen diferencias importantes y distintas *razones* para los mensajes que el mundo espiritual te entrega.

> Si quieres una *clariayuda* para comprender
> visualmente estás diferencias entra a:
> taniakaram.com/canal

Sí, podemos decir que están catalogados de acuerdo con lo que necesitas saber y dependiendo además del momento de vida en el que te encuentras. Y supongo que como soy una persona que tiene el talento de hacer fácil lo complejo (recuerda, necesitas ser el primero en decir tus talentos), ¿qué tal si te comparto el resumen que me ha tomado años distinguir, ordenar, catalogar y sintetizar? ¡¿Tenemos un trato?!

> Clariconexión.
> Es el momento en el que tu *mente* y tu *disposición*
> están alineadas para recibir un mensaje
> del mundo espiritual con claridad.

Espero que después de leer lo anterior, estés tan emocionado como yo, carita feliz y lo que le sigue de feliz y estés diciendo un ¡Sí! Rotundo. Yo hubiera brincado al techo y rebotado
de emoción si me lo hubieran explicado así de niña, en vez
de sentirme tan fuera de lo normal. Me hubieran hecho el camino mucho más fácil, pero bueno, esa es mi misión de vida,
tenía que aprenderlo así para crear este nuevo lenguaje que
expliqué, una realidad que muchos no comprenden. Vine a
mostrar la verdad y hacerlo mucho más fácil para otros, esa
será mi dicha y mi misión.

Como no nos explican nuestras habilidades *extranatura-
les*, aprendemos a desconfiar de nuestra intuición, de lo que
sentimos, luego buscamos validación en lugares donde no
vamos a ser comprendidos, (porque tú no te has terminado
de comprender), puedes ser la rara (aunque sea por ser feliz),
y después tratamos de *encajar* en un mundo "normal". *¡Vaya
receta!* Lo cual sobra decir, a mí nunca me funcionó, desde
luego, porque además cada uno tiene su versión de "normal", pero no venimos a trabajar tanto en nuestro interior,
sólo para recordar que somos *normales*, venimos a brillar con
toda nuestra luz, en toda la extensión de la palabra, y tu luz
es importante, dale permiso a tu luz.

Sí, se va a asomar, aunque no quieras

Antes de continuar, te pido un momento. Toquemos un tema
de algo que se va a interponer en el camino. Sé que una vez
que recibes *un mensaje*, te llega *una idea*, existen muchas dudas sobre si sólo es tu *ego* o en verdad es algo *guiado*. Es de
las preguntas que más me hacen, pero no te preocupes, ¡aquí

estoy para ayudarte! Sin duda existen muchas trampas del ego, y trataré más profundo el tema en el último capítulo, ya que te haya explicado las distintas formas de los mensajes espirituales. Mientras tanto, te confirmo que uno aprende a distinguir cuando es su imaginación o algo real, pero aquí te va la trampa más común que veo y se repite una y otra vez, te recomiendo poner más atención.

La trampa es la de buscar constantemente que el mensaje que recibes valide y te diga que es *correcto* justo eso que *tú* deseas. Si ese mensaje te gusta porque se parece a lo que tú querías escuchar, muchos te pueden empezar a decir sólo lo que quieres escuchar y así quedarán bien contigo, tú vas a querer escuchar sólo eso. Tu ego te dirá que "eso" es mejor, o que "ése" sí es un mensaje, y si de preferencia es *idéntico* a lo que tú querías escuchar, ¡tu ego va a sentir una satisfacción fenomenal!, porque es lo que tú querías confirmar. ¡Ves cómo sí era esa gran idea que habías tenido! Tu ego está saboreando ese momento en el que te digan: ¡Sí, claro que es eso! ¡Yeiii... dice el ego, tal como lo *pensaba*! ¡Sí estoy en lo correcto!

Y ahora sólo necesitas saber cómo lo verás suceder frente a tus ojos ¿Qué hay que hacer ahora? Mira, he visto personas que recurren a un canalizador, médium, cartas, chamanes... lo que sea, hasta que escuchan lo que ellos quieren. Ese será el "buen" canalizador, chamán, experto... "correcto" para ellos. Aquellos que les dan esperanzas de que *es* justo como ellos piensan o *quieren* que suceda y los animen a seguir sus esfuerzos en esa dirección. ¡Ése será el mejor terapeuta para el ego! El que le da voz a su ego.

Entonces se la ponen fácil a esos "canalizadores", les dicen lo que quieren escuchar, más fácil y todos contentos, así alargan el camino, pero ellos tienen su dosis de "apapacho" y "los terapeutas" su dosis de aceptación. ¡Genial negocio para el ego! Quien los *confronte* (con la verdadera medicina) o les quiera ayudar a *ver más allá de sus espejismos*, de lo que desean, generalmente no les caerá muy bien y empezarán a dudar si no estará equivocado, "yo creo que a mí no me funcionó", (no me dijo lo que quería escuchar) y entra la desconfianza. "Mejor busquemos otra opinión", "alguien que me diga 'cómo sí lo hacemos suceder' " o me confirme lo que deseo.

Eso es un *deseo propio*, no un mensaje, así *afirmas* que el "universo" apoya esa idea, pero insistes: "¿Cómo le hacemos para que la apoye más?" Sigues queriendo ver y escuchar sólo lo que *tú* deseas que suceda. Completa alucinación. Por lo tanto, interpretas todo a como quieres que sea. Cuando sea así, la frustración de no oír lo que deseas, surgirá el enojo, y la duda, ¿Será que Dios anda fallando hoy?, ¿será que mi terapeuta tiene preferidos?, ¿que a mí no me quiere tanto? ¿por qué sí ayuda o les funciona a otros y a mí no me funcionó tanto? ¿Será que me tendría que dedicar más tiempo para que entienda bien lo que quiero y cómo me puede ayudar? O sea, el ego empieza con su sospechosismo, su berrinche y a sentirse sólo de nuevo, incomprendido con esa cruzada, pero dices, Dios "acomodará" todo "pronto" o buscaremos ayuda en otro lugar. Esa, señoras y señores, es la mismísima voz del ego.

A diferencia de eso, los mensajes del mundo espiritual sí te van a decir dónde es *realmente* más importante que pongas tu atención y tu energía, y no necesariamente va a ser lo que piensas o deseas. Muchas ocasiones te aseguro que te va a confrontar, porque si no es así, no creces. En el resto de este libro podrás ver la inminente diferencia, inclusive con muchos ejemplos de mi vida que te daré, que una y otra vez me sacaron de mi "zona de confort". No es lo que quería escuchar, pero dije "sí, hagámoslo". Te podrás entrenar en notar los deseos de tu ego y te sorprenderás entonces de lo contundentes que pueden ser con *su guía*, te dará total acceso a la caja fuerte llena de verdaderas riquezas.

Ahora sí, ¿qué tal si te invito a que conozcas cómo está acomodada esa caja fuerte?, ¿cuáles son los distintos propósitos para que un mensaje varíe en la duración respecto a otro?, ¿por qué te dan uno con más información que otro? ¿por qué en ocasiones no me dicen más? ¡Sería tan fácil para ellos!, ¿que no? ¿Pues que no lo saben todo? ¿Por qué es confuso? Todo eso y más a continuación, sin comerciales.

Ahora que ya tienes eso identificado, espera a que leas lo que sigue, toda la guía fácil y explicada de los tipos de mensajes que puedes recibir según su propósito. ¡Mantente en sintonía! Te lo muestro a continuación y te aviso: ¡Estás por entender las señales espirituales de manera taaan clara, que no podrás dejar de sorprenderte por lo guiado que estás y por las distintas formas que ahora comprenderás como nunca!

04

Mensaje Flash

"A menudo, la velocidad es una ilusión.
Lo importante es no detenerse."

—Martha Grimes

Bien decía Confucio: "La claridad es la hermana gemela de la verdad." Y lo que te voy a mostrar con este primer tipo de mensajes te puede ayudar a tener mucha claridad de manera súbita, puede acelerar la velocidad en tu toma de decisiones para ciertas ocasiones y eso se vuelve sumamente útil, sobre todo para cuando te das permiso de ser guiado, y me refiero a *realmente guiado*. Este será un pase directo para encestar.

La verdad te puede ser mostrada, si estás dispuesto a aceptarla. Muchos le tienen más miedo a la verdad, que a vivir en las historias que se cuentan. Así que debo decirte, primero que nada, que estoy muy emocionada por compartirte lo que estás a punto de leer. Ok, ya lo dije. Empecemos por el principio.

Primero que nada, los mensajes que puedes recibir del mundo espiritual suceden, como he explicado en mi curso *Como crear Abundancia con tu Misión de Vida*, de acuerdo con tu misión, nadie se escapa de cumplir su misión de vida, lo creas o no, entonces puedes recibir *dos* grandes bloques de mensajes que son: los *personales* y los que están alineados con tu misión y los demás, los *colectivos*.

Los *mensajes personales* son para comprender lo que más *necesitas* en tu camino del despertar personal, y los *mensajes colectivos* son los que tienen que ver con tu interacción con otros y en cómo tú vienes a contribuir a su vida o a la vida de muchos. Ese fue un gran resumen inicial. El *colectivo*, es el camino que ayudas a otros a recorrer para su crecimiento y sus mutuos despertares.

Es grandiosamente per-fec-to.

Ahora ¿cómo funcionan específicamente los *Mensajes Flash*?, y ¿cómo podrás diferenciarlos del resto de los mensajes que te explicaré? Afortunadamente, entender este tipo de mensajes será de lo más sencillo. Te alegrará saber que podrás distinguir cada uno de los diez tipos de mensajes que te explicaré con claridad y estás por ahorrarte muchos años o incluso *vidas*.

Mensajes flash:
Son mensajes inmediatos, espontáneos,
como encender un cerillo en un cuarto obscuro,
luz inmediata. Pedazos de información rápida que
llegan a tu mente. Dan claridad con una palabra,
frase o información que dará comprensión o una
respuesta súbita ante una situación.

Un ejemplo de este tipo de mensajes es cuando doy los cursos y me hacen preguntas que requieren de mi respuesta inmediata. Como cuando estaba en el radio, tenía 5 minutos por persona y la información que salía de mi boca parecía exacta para lo que tenía que escuchar la persona al otro lado del teléfono; la respuesta tiene que llegar de manera *precisa y rápida.*

Te puedes relacionar con este otro ejemplo: es como cuando hablas y sale de ti una respuesta que te hace decir: "Ay, qué bien se escuchó eso." "¿Y eso de donde salió?" Parece que la articulaste casi sin querer, casi como un "se me salió" pero hace sentido, la frase encaja y pareciera que te la dijo *alguien* que conoce muy bien la situación o a la persona que tienes en la línea, a la persona con la que estás hablando o en determinada situación.

No me refiero a cuando tuviste una buena idea que *pensaste,* eso también sucede, me refiero a algo que no sabes cómo lo supiste, pero *sí encaja*, *realmente* hace sentido, incluso con información que *no conocías* de la persona. ¡Ojo! Al ego le encantará decir que es un *mensaje canalizado* de antemano, lo que en realidad es una muy buena idea, pero aquí te cuento un ejemplo para que veas que es algo muy distinto. La diferencia es notoria, por sus resultados y porque no sólo es una idea inteligente o grandiosa.

Un mensaje flash es cuando recibes *indicaciones muy específicas*, casi como una advertencia o una orden. Sí, puede ser muy específico. Lo ideal y el objetivo de este tipo de mensajes, es para que actúes ¡como flash!, es decir de inmediato. Entre más pronto, mejor, porque algo está por suceder, o es importante que tengas esa información para ese momento. Haz caso, aunque dudes.

Cuando nuestra mente "se enchufa" a La Fuente, puedes pensar que es como la peli de *Avatar* con su Árbol de las Almas (para que tengas una imagen visual que tal vez pueda ayudarte), aunque en realidad tú ya eres también el árbol, pero te sientes desenchufado de la Fuente, aunque no hay separación que sea real; espero que esa imagen también te sirva.

> No subestimes el poder de esos mensajes fugaces
> que te llegan en forma de corazonadas;
> podrían ser las señales que necesitas para tomar
> decisiones de vida o muerte.

Ejemplo de Mensaje Flash

En mi último año de la carrera como estudiante de Economía, me fui de intercambio a estudiar a Kitchener Waterloo, en Canadá, estaba en un ambiente que no conocía, todo era nuevo y renté un cuarto para estudiantes en una casa en la que vivía un matrimonio. Él era un hombre francés y su esposa inglesa, en la casa también vivía otro chico canadiense. En muchas ocasiones solía cenar con el amigable matrimonio, a él en particular le encantaba contarme historias, pero cuando los exámenes finales se acercaron esto se volvió mucho más difícil, ya que pasaba casi todo el día en la biblioteca estudiando, no es que tuviera ese particular deseo, pero tenía que aprobar una materia llamada Econometría Avanzada, que estaba, por decir lo menos... de terror.

Sin entrar en muchos detalles por el momento (lo verás en el siguiente capítulo), esta materia en particular representaba un gran reto para mí, tenía que aprender un idioma técnico nuevo y trabajar el doble para acercarme al nivel de la maestría a pesar de encontrarme en la licenciatura en México. Recuerdo vivirlo como algo muy estresante. Parece trágico en nuestras vidas, cuando alguien (como un maestro tormentoso) decide sobre tu destino, o cuando se dan una serie de circunstancias "injustas" una tras otra que nos hacen pasar por situaciones difíciles, sin justificación aparente. ¿Alguna vez te ha pasado que sientes que no tienes opciones y es una injusticia lo que te sucede? Pues justo eso me sucedió a mí, yo también lo viví así en algún momento.

Esta práctica será una más de determinación, de confianza, y por la confianza reconocerás a tus maestros.

Ante los obstáculos, deja que brillen tus talentos

Tus guías conocen tu carácter, conocen tu misión de vida y por lo tanto tus talentos. Conocen lo que necesitarás reforzar *toda* tu vida y tus más grandes lecciones del despertar. Para mí, esto era un gran reto de entrenamiento *nivel olímpico*, como muchos de los que tendría que hacer. Es como si tuviéramos que hacer "músculos internos" tipo "cuadritos espirituales marcados", te explico por qué.

> Tus guías conocen tu carácter, conocen tu misión de vida y, por lo tanto, tus talentos.

A ver, no se trata de negar cuando algo es difícil, ¡puede estar pasando algo muy complicado en tu vida!, el tema es si te vas a quedar debilitándote, pensándote como víctima, o confías y te lanzas, y entonces haces un compromiso contigo. Hacer esos *compromisos* contigo es lo verdaderamente importante. Yo estaba de-ter-mi-na-da a salir adelante, no quedaría en mí el intentarlo, haría todo lo que pudiera, no podía asegurar el resultado, pero sí podía asegurar comprometerme conmigo. Lo bueno es que la *confianza* no tiene que ver con un resultado lógico. Tenían que suceder cosas extraordinarias para que aprobara, y sucedieron, pero no de la forma que me lo esperaba ¡ya verás en el siguiente capítulo, cuando te cuente el final de la historia!

Hice tanto esfuerzo, como *un líder nato* lo haría, pero a veces ni cuando hacemos los más grandes esfuerzos en nuestra vida nos damos ese crédito (sonrisa interna: a veces nos tienen que mandar a escribir un libro para darnos cuenta). Una de las características de un *líder* es que hace todo lo que cree necesario para el bien mayor, para el bien común o para hacer lo que se requiere que traiga mayor abundancia a todos los involucrados, lo que sirva más para el plan.

Habiendo dicho eso, de vuelta a la historia. Me esforcé todo el semestre y me sentía insegura pero aliviada al ir aprobando todos los exámenes y entregando sin falta todas las tareas. *Sólo hazlo*. Además, había un ingrediente súper importante, *pedir ayuda*. No tienes que hacer esa labor titánica o pasar ese trago amargo *solo* y es algo que solemos hacer, poner el peso en nuestros hombros, sin considerar alzar la mano para pedir ayuda. En mi historia personal, me atreví a pedir ayuda para entender el software y los tecnicismos, eso de pedir ayuda es *muy significativo* para tus lecciones del despertar, para avanzar, *pide ayuda*, o la vida te va a forzar a que la pidas, y hay personas que llegan hasta el final de su vida y *aún no aprendieron*, por eso la vida te regalará tantas oportunidades, eso es parte muy importante de los retos que vivimos.

Si pides ayuda, llegará de todas las maneras posibles, incluso si no sabes cuidarte; Dios, Universo, como lo llames, siempre cuida de ti, si aún tienes dudas, sigue leyendo. Justo unos días antes del examen final me quedé traduciendo y estudiando hasta las 11 de la noche en la biblioteca, era la hora de ir a casa, ese era el plan, pero nunca sabemos cuándo puede ser nuestro último día de vida.

> Un líder es el que hace todo lo que cree necesario para el bien mayor, para el bien común o para hacer lo que se requiere que traiga mayor abundancia, lo que sirva más para el plan.

Pide ayuda y podrás manifestar un Mensaje Flash

Cuando salí de la escuela rumbo a mi casa, debido a la hora, ya no pasaba ningún camión, era una ciudad muy pequeña y tampoco había metro, así que empecé a caminar rumbo a la casa, aunque lo había hecho muchas veces, esa noche fue distinta. Para llegar a la casa tenía que caminar a lado de un parque boscoso, aunque hay tantas zonas con vegetación en Canadá que un parque de allá para mí es como un pequeño bosque.

Estaba cansada pero feliz, recuerdo el cielo estrellado, hermoso, mientras caminaba sola. Lo estaba disfrutando, siempre me ha gustado el silencio, no me considero una persona miedosa, de hecho, me sentía muy segura de caminar sola a esa hora en ese lugar. Pero de repente, empecé a sentir como cuando alguien se te queda viendo fijamente, que incluso volteas por que sientes la mirada pesada, volteaba alrededor y perfectamente podía ver en esa calle ancha que no había nadie. Seguí caminando, pero a medida que seguía avanzando, sentía cada vez más clara la mirada de alguien clavándose en mí. Aunque era invisible ante mis ojos, logré detectar de donde provenía la mirada, era como si alguien me estuviera viendo fijamente desde adentro del parque, yo no podía distinguir a nadie, porque había muchos árboles y estaba oscuro. Por lo pronto, como mi miedo irracional crecía, decidí cambiarme hacia el centro de la calle, así podría ver si alguien salía de cualquier lado. Aunque volteaba recurrentemente a todos lados, no veía a nadie, pero mi intuición me decía que algo estaba mal.

Seguí caminando con mi back pack en la espalda, entonces empecé a sentir escalofríos en mi espalda, como un gato cuando se le eriza la piel, sentí como si alguien estuviera a punto de tomarme por la espalda, pero en el momento en el que iba a voltear, de manera contundente escuché una fuerte y clara *Voz* en mi mente que me dijo:

¡Corre!

El sonido de la voz fue tan contundente, tan claro, no alarmante, sólo contundente. En el lenguaje de ángeles, era el El Amor en la voz del Arcángel Miguel. Supe que no había tiempo ya para voltear, eso hubiera sido mi perdición o seguramente me hubiera paralizado al ver a alguien. Así que en cuanto escuché la voz, ¡salí disparada!, en mi cuerpo entró una energía indescriptible, salí corriendo como si tuviera una excelente condición física y tuviera una fuerza sorprendente. Es como si hubiera entrado en mí una fuerza poderosa. Corrí y seguí corriendo sin parar, hasta casi llegar a la casa. No había nadie siguiéndome a esas alturas. De cualquier manera, me apresuré para entrar de inmediato.

Al instante que pude entrar, Sheila (la mujer inglesa con la que vivía) al escucharme entrar tan agitada, corrió a recibirme a la puerta y sorprendida me preguntó en inglés qué me pasaba, al contarle lo sucedido y cómo creía que había alguien en el parque que me estaba observando y cómo sentí que se acercó para atacarme, ella inmediatamente sonrió y me dijo:

—¡No Tania, no hay forma!

—Sí, no te lo puedo explicar, pero estoy segura de que alguien me estaba siguiendo y me veía desde el parque.

—No Tania, aquí todo es muy tranquilo, esas cosas no pasan aquí, seguro es porque allá donde vives es una ciudad grande (Ciudad de México) y pasan esas cosas, pero no, aquí no pasa eso, aquí es muy seguro —me decía en tono calmado—. Tranquila, vienes muy agitada.

—Ok pues... podría asegurarte, pero bueno, no pasó nada porque corrí... —ya no quise insistir porque no tenía pruebas de lo que le decía, no tenía cómo demostrarle, pero bueno al final todo estaba bien, pensaba y agradecía mientras me iba a mi cuarto a tratar de asimilar lo sucedido... y descansar finalmente en mi cama.

Cuál sería mi sorpresa lo que sucedería después. Al día siguiente me fui nuevamente a la escuela y me pasé todo el día en la biblioteca para seguir estudiando, estaba por hacer el examen final. Cuando llegué por la noche a la casa, Sheila me estaba esperando en la puerta, esta vez parecía que la preocupada era ella. Palabras más, palabras menos ella me dijo:

—¡Tania, al fin llegas!

—¿Qué pasó Sheila, todo bien?

—¿Cómo? ¿No sabes lo que pasó?

—No, ¿de qué hablas? ¿Qué pasó?

—¿Qué? ¿no hablaste con nadie en la escuela?

—Pues no, estuve todo el día en la biblioteca, ahí no podemos platicar, ¿por qué? ¿qué pasó?

—Pues ¡era verdad lo que me dijiste! ¡Era verdad lo que sentiste!

—¿De qué hablas? ¿No te entiendo, cómo sabes?

—Mira ven a ver las noticias... —y me condujo a la sala—. ¡Ayer por desgracia mataron a una chica justo en la zona donde me describiste! ¡Y después de la hora en la que llegaste! Era verdad, si no hubieras corrido, ¡muy probablemente hubieras sido tú!

—¡Oh no, por Dios! ¿Y qué le pasó a la chica?

—La apuñalaron Tania... qué desgracia, y yo que te decía que eso no sucedía aquí... lo siento mucho por no creerte, y por esa pobre chica...

—¡Y yo lo siento tanto por ella también! ¡Oh por Dios!

Yo estaba en shock por el fallecimiento de esa chica y por cómo me había salvado una noche antes de morir apuñalada. Sabía que ésta era una de esas veces en que hacerle caso a La Voz, había salvado mi vida. Me sentí totalmente agradecida, bendecida, pero también triste por la chica y en un estado de impresión difícil de describir. Nos abrazamos y nos fuimos a ver las noticias a la sala. El peligro que sentí, ante ese *mensaje flash* había sido *aclarado* y *validado*. ¿No parece escena de película? Sí, así puede ser tu nueva vida cada vez que hagas caso.

Hay veces que sólo tienes que dejar pasar tiempo para que puedas *validar* tu mensaje. Pero en lo que lo validas, sólo corre, sólo haz caso, después puede ser muy tarde. Y de esta manera, estás mandando la señal al Universo de que estás *abierto y dispuesto* a recibir, aunque no comprendas la bendición escondida en ese momento.

El mundo espiritual sabe que te cuesta trabajo confiar en tu intuición, y yo sé lo que te estoy pidiendo. Imagínate con el ejemplo que te doy, mis ojos por más que buscaban ansiosamente ver algo que corroborara mi miedo irracional, nunca hubo algo que me lo confirmara (¡hasta el día siguiente que nos enteramos de lo sucedido!), pero de todos modos salí disparada, corriendo y eso salvó mi vida. Habrá veces que así tendrá que ser. Aunque parezca una decisión difícil, tenemos que darnos permiso de *sentir* y hacer caso a ese sentimiento.

También te servirá saber esto, cuando el mundo espiritual sabe que te cuesta trabajo confiar en recibir un mensaje o sabe que vas a desconfiar al recibir en tu mente un Mensaje Flash, puede solamente incrementar *fuertemente una emoción*; como te conté que sentí *un peligro inminente* aunque no lo pudiera explicar, ¡eso también es una forma de comunicarse contigo! Lo importante es que te des permiso de recibir la ayuda, y podrá llegar a ti de muchas formas, como en este caso, con un Mensaje Flash.

Hacer caso a tu intuición puede salvarte incluso la vida, salvarte de relacionarte con alguien que no tiene buenas intenciones contigo, avisarte de una experiencia que puede ser traumática para ti, que un temblor está por suceder. Como también me pasó de niña cuando tenía tan sólo 10 años… creo que de aquí en adelante vas a querer poner mucha atención, a esos *pensamientos* o *emociones súbitas* e *intensas*. Te mereces toda la ayuda y ¡todo es posible en un flash si haces caso!

Leer esto abre tu mente a nuevas posibilidades y realidades para lo que te sucede en tu día a día. Un líder *conectado con la claridad* comprende la importancia de los mensajes espontáneos intensos, flash, que le pueden salvar la vida y poner dirección. Te afirmo, no hay algo que provenga del mundo espiritual que sea pequeño. Dios no tiene una mentalidad pequeña, es verdadera y perfecta.

Cierro con estas características del *Mensaje Flash* para que tengas muy claro cuándo es más probable que sucedan:

Cuando estés en peligro de muerte.

Cuando haya mucho estrés y quieran darte una salida amorosa que no ves.

Cuando alguien cercano pueda ser salvado o grandemente ayudado con ese mensaje.

> No temas seguir tu intuición, incluso si va en contra de lo convencional.
> A menudo, las mayores victorias llegan cuando confiamos en nuestra guía interna.
>
> Para descargar tu *clariayuda* visual de este tipo de mensajes entra a www.taniakaram.com/flash

¿Se siente poderoso? Sí, *potente claridad,* eso es lo que recibirás con estos mensajes, y sé que no te quedará ninguna duda cuando los recibas. Ahora, la historia no termina aquí, después de este increíble *mensaje flash* que salvó mi vida, te contaré de los *mensajes cruciales*, que te llevan a tomar decisiones que serán *clave* para tu futuro y para que rebases tus propios *límites*, ¡prepárate para romper tu siguiente *techo de cristal!* ¡Eso a continuación!

05

Mensaje Crucial

"Si quieres lograr cosas que nunca has logrado,
debes estar dispuesto a hacer cosas
que nunca has hecho."
—Richard G. Scott

Cómo una decisión puede cambiar nuestra vida, ¿verdad? Si pudiéramos tener una *bola de cristal* que nos mostrará algunas cosas importantes para nuestro futuro, nos encantaría tener la certeza de *en qué poner más atención*, para perder menos tiempo, para equivocarnos menos, para ahorrarnos dolor, para no crear malos hábitos, para saber usar el dinero más sabiamente, para elegir la carrera que nos hará más felices o para saber qué talento o habilidad conviene desarrollar más, pero no lo sabemos y simplemente avanzamos *a tientas*.

Ahora quiero contarte de los *mensajes cruciales* que pueden ayudarte para *inclinar* tu atención hacia un tema en particular de tu vida, ¡sí, sí pueden ayudarte con eso! Estás a punto de aprender cómo se distinguen los *mensajes cruciales.* Quizás no serán tan comunes en tu vida diaria, pero cuando te sean dados, serán claros y determinantes para tu futuro.

El propósito de estos mensajes es que te *enfoques* en lo que podría traerte más *abundancia*. Claro y simple, ¿por qué crees que no habrían de decírtelo? Estos mensajes podrían mostrarte acciones que serían muy beneficiosas para ti, como: empezar a trabajar con alguien, colaborar en cierto proyecto, darte una señal clara de irte a vivir a otro país, validar talentos o iniciativas que pueden detonar vocaciones, quizá enfocarte para aprender algo que te daría muchas satisfacciones personales. El universo de opciones es enorme, ya que depende también en qué etapa de tu vida estés y es posible para todas las personas que deseen abrirse a recibir esta ayuda.

Ventajas que tendrás

Una primera característica de este mensaje es que es *auditivo*. ¿Cómo lo recibes? Lo podrás recibir a través de conversaciones con otras personas, ya que tú quizá no alcanzas a ver esas *oportunidades*, alguien te las tiene que *mostrar*, hacerlas evidentes para ti, para que puedas ver en lo que no estás poniendo atención y cuando eso suceda sabrás, sentirás, te dará curiosidad y emoción, resonará en ti.

Simplemente piensa en esto: ¿Cuántas veces no habrá pasado que tienes talentos que tú no sabes valorar, pero que otros sí? Incluso puede ser que te lo digan, pero a ti no se te ocurre qué más hacer con ellos o los haces menos. O que si desarrollaras más cierto conocimiento o habilidad te iría muy bien. Tal vez tú no has pensado en esa combinación explosiva de habilidades que te ayudaría en el desempeño de tu misión de vida personal y colectiva y no sabes que es muy buena idea poner tu energía en eso, pero el mundo espiritual sí.

Tienen una segunda *característica: sensorial*

Cuando recibes este tipo de mensajes se te puede poner la "piel de gallina" y sientes que te acaban de decir algo importante, se sienten.

Una *característica mental* es que simplemente *te resuena*, de algún modo *sabes* que es importante que pongas atención a lo que acaba de decirte esa persona, percibes o *sabes* que ese mensaje es para ti. Aunque no entiendas a futuro cómo se desdoblará, hace sentido y aquí viene otra característica importante: se te queda *grabado*.

Esa tercera característica es importante para diferenciar correctamente cuando se trata de un mensaje real, se queda como un *eco* resonando en ti, y en algunos casos para toda tu vida, ¡porque esa información te alinea con tu misión de vida! Es como un recordatorio que es importante que *no lo olvides* y que llega para alinear tu rumbo. Como si fuera una pista insertada, para ayudarte a tomar decisiones en un futuro.

Además, otra característica es que *serán sencillos de comprender*, necesitan serlo para que los captes y los recuerdes. Pueden ser frases súper sencillas que surgen a la mitad de una conversación con tu amiga, tu maestra, tu marido o ¡hasta un perfecto desconocido! Y te escucharás diciendo: ¡Sé que ese mensaje es para mí!

¡Lo sentirás! Te dan una guía, esa acción por realizar o ese "ahá moment" que necesitabas para justo ese instante de tu vida. "Tu sartenazo amoroso", como le llamo.

Pasemos de lo extraordinario a lo compasivo

¿Recuerdas la historia que te conté en el Mensaje Flash? Acerca de mi semestre en Canadá que me tuvo muy estresada y estudiando intensamente para pasar esa materia. Bien, pues justo después de recibir (y hacer caso) al Mensaje Flash que salvaría mi vida, llegaría otro mensaje, esta vez uno *Crucial*, que me enseñaría a ser compasiva conmigo y a romper mis techos de cristal.

Así que aquí te va el final de la historia (por si te quedaste con la duda) es algo que en algún momento me avergonzó, pero después de reflexionarlo, fui compasiva conmigo y, al contrario, me aplaudí. A veces somos tan duros con nosotros que no nos damos cuenta a qué nivel nos exigimos. Esperamos ser capaces de dar, dar, dar, dar, recuperarnos rápido y responder, sin importar lo difícil que sea. A veces no somos conscientes de nuestra propia fortaleza interior.

El día del examen final de Econometría Avanzada llegó, estaba en el salón sentada y a punto de empezar el examen, pero estaba muy nerviosa, demasiado. Sentí que la presión me superaba, me bloqueé completamente y sentí que se me había olvidado todo lo estudiado, al grado que decidí entregar el examen con mi nombre, pero sin contestarlo, y me salí del salón. Así es, ¡entregué el examen en blanco! ¿Alguna vez has sentido todo el peso de la responsabilidad encima, sea cual sea la situación? lo difícil que son todos los escenarios que nos imaginamos. Estoy segura de que te ha pasado y posiblemente más de una vez.

Cuando entregué el examen sentía una presión en mi pecho, estaba teniendo un ataque de pánico, pensando que ese examen me podría costar perder *toda* mi carrera por circunstancias que me habían parecido muy injustas en México. Me parecía que había mucho en juego y no pude manejar adecuadamente la presión. Pero mira, te comparto algunas cosas que hice mal, para que no te pasen a ti:

1. Mi mente se concentró en la *posibilidad que más temor* me causaba, en la posibilidad equivocada, en vez de enfocarme en el resultado más deseado y exitoso. "Se lo digo a Juan, para que me entienda Pedro." Le di la posibilidad de existir a mi temor y crecí la probabilidad de dolor. Una mente con dolor no tiene claridad.

2. Mi mente creyó de manera sostenida en *la posibilidad de fracaso*, así que cuando me senté en esa silla, lo que iba a suceder era tal cual lo que había imaginado *posible*, mi miedo más grande. Aunque no estaba esperando que sucediera, era en lo que me había enfocado. Había considerado posible y real la posibilidad de fracasar. Ante el miedo que me paralizó, preferí entregar el examen antes que descubrir si podía. Cuando nos alimentamos de la duda, lo que hacemos es quitarnos la posibilidad más deseada. Llega el mo-

mento culminante y no tiene que ver cuánto sepas, si tienes los talentos, si dominas o no algo, tiene que ver con la creencia que tienes de ti y si crees que es demasiado bueno para ser real.

3. Mi mente creyó en la *injusticia* aunque me enfoqué en ella sólo al inicio. No importa. Creerás y sentirás que es injustificado que hoy estés en esa posición o en ese lugar. Eso baja tu frecuencia vibratoria y por lo tanto tus resultados, te quita la visión de lo importante. De nuevo, aunque no sea una situación justa, no te maltrates pensando en los futuros escenarios. No seas el primero en maltratarte a través del enojo, de la frustración o de lo que piensen otras personas.

> Cuando en el transcurso nos alimentamos de la duda, lo que hacemos es quitarnos la posibilidad más deseada.

> Puedes descargar tu clarimagen para ayudarte a visualizar y recordar el poder de este tipo de mensajes en www.taniakaram.com/crucial

Toda experiencia es útil para el despertar

¿No puede ser tan fácil sólo llegar y aprobar, o sí?, ¿no puedo nada más llegar así a la primera y ganar el partido así de fácil, o sí?, ve cómo has vivido tu vida y eso te dará la respuesta. Tu mente sin entrenar te dice cosas como, "¿sólo así?, ¿sin más esfuerzo?" (como si en verdad no hubieras hecho un esfuerzo) ¿O pusiste tu empresa y ya llegaste a un límite que no rebasas?

Tal vez no has pensado que la *idea equivocada* que repites inconscientemente es *te debería de costar más trabajo*. La vuelves la regla de tu vida, no confías en que puede ser más *sencillo* y tu *creencia limitante* se vuelve tu realidad. ¿Te estás permitiendo más? Esa puede estar siendo la "verdadera injusticia".

En otras palabras, **no te has dicho que te mereces el premio**. ¿Qué te estás negando? Tal vez te estés diciendo que todavía no te mereces más dinero, más tiempo para ti o para esa forma de vida que deseas. Tal vez no te has dado permiso de *ser* primero la pareja que sueñas. Decide de antemano y simplemente será... *posible*.

> ¿Qué me estoy negando?
> ¿Por qué no me doy permiso de tenerlo?

Pero como dije, el Amor te conoce, conoce tu misión, y tus talentos, sabe cómo salvarte de ti. Así que aquí viene la continuación en la historia, cómo tuvieron lugar acontecimientos llenos de compasión y de cuidado más allá de lo esperado.

Cuando entregué el examen, salí rápidamente del salón, me moría de pena. Sentía, por un lado, la sensación de fracaso que uno siempre quiere evitar y al mismo tiempo el alivio de que lo peor ya había pasado, "pasó lo que era de esperarse", me decía. Pero para mi gran sorpresa, esto no había terminado. Al salir del salón, el maestro se apresuró rápidamente detrás de mí. Exclamó mi nombre, y al voltear me preguntó:

—Tania, ¿qué estás haciendo?

—Lo siento, no puedo recordar nada, se me olvidó con los nervios —yo temblaba. Literalmente, podía ver cómo temblaban mis manos y todo mi cuerpo. Las lágrimas se me salieron, por la frustración y los nervios que sentía—. Le ofrezco una disculpa profesor, pero el pensar que de este examen depende mi carrera me ha hecho imposible concentrarme, no puedo contestar el examen.

—Tania, un maestro sabe cuándo tiene un buen alumno, cuándo alguien puede y tú puedes, sé cuándo un alumno ha estudiado y tú no sólo has estudiado, has entregado todas tus tareas, has hecho el trabajo. Yo sé que sí sabes.

En ese momento no podía creer las palabras que escuchaba, ¡cuánta compasión y comprensión! Ese instante me recordaba que era *inocente*. Cuando al alumno le falta la confianza, el maestro la tiene por él. Él creía en mí y yo era la que no creía en mí, en lo que sabía, y por eso me estaba auto reprobando. Ahora me sentía más conmovida y las lágrimas cambiaban de pena a ser de gratitud y de amor ante la comprensión que me mostraba.

Hoy si eres un adulto, puede parecer algo trivial hablar de aprobar un examen, pero ¿cuántas veces te habrás puesto esos *exámenes* una y otra vez? ¿Cuántas veces no has tenido "tu examen" y te habrás reprobado de antemano?, sólo porque no lo creíste posible y elegiste recursar la materia de la *auto aprobación*, del merecimiento, hasta aprender a darte los permisos auto negados.

Después de escuchar sus palabras compasivas, le agradecí y todavía limpiándome las lágrimas, le dije:

—Le agradezco muchísimo su confianza, gracias, pero de verdad en este instante se me olvidó todo, al intentar contestar no pude recordar nada, lo que pasa es que estoy bloqueada.

—Te entiendo, es normal ante esa presión, pero yo tengo total confianza en ti, ¿por qué no lo contestas con calma en tu casa y me lo traes mañana?

"¿Whaaat? ¿Qué acaba de decir? ¿Que me lo lleve a mi casa?" Lo primero que pensé fue, "pero ¿cómo sabe que no voy a hacer trampa?"; eso significaba que el maestro *genuinamente* confiaba en mí y me lo estaba demostrando con los hechos, no sólo de palabra. El sí creía que sabía, me había visto esforzarme y además no dudaba de mi honestidad.

Pues ¡¿en qué película me metí, o más bien de qué película salí?! En la película que me estaba haciendo en mi mente era aceptable la posibilidad de traicionarme, en la del Amor, no.

Tomó mi brazo, me dio el examen y me dijo "tómalo, mañana te veo en mi oficina con este examen resuelto". Yo sé que sí sabes.

¡Yo quería abrazar a ese hombre como si fuera el mismísimo Jesús hablándome! Estaba impactada, ¡cuánta confianza! Casi ni me dio tiempo de agradecerle, se dio la media vuelta y se metió de inmediato al salón ya que los otros alumnos estaban haciendo el examen mientras él me daba *mi mensaje*.

Me quedé realmente sorprendida por este gesto y hoy lo recuerdo como una gran enseñanza.

Puedes repetir:

> Todo lo que sucede en mi vida
> es para enseñarme lo más amoroso posible,
> para mostrarme lo que no alcanzo a ver,
> y acepto que la vida siempre me está dando
> oportunidades para crecer.

Esa es la importancia de un Mensaje Crucial y cómo su enseñanza puede tener un enorme impacto en tu manera de ver las cosas y en tu futuro.

Al final de la historia y para agregar más reflexiones a lo ya dicho (espero que para este momento ya te hayan caído varios *veintes*, centenarios o la vajilla completa), caminé a mi casa de regreso, ahí terminé de calmarme, reflexioné y llegué a contestar un examen que recordaré por siempre, por la verdadera y profunda enseñanza que había detrás.

Ahora, puedo decírtelo: por supuesto que reprobé... estoy jugando contigo, ¡claro que aprobé! Esta historia tiene un final feliz, pero recuerda esto para cuando estés viviendo *eso* que tanto te estresa y te preocupa, puedes estar o no en tu final feliz, no desesperes. Tendrás tu final feliz cuando logres comprender su beneficio y sientas sólo gratitud, entonces ocurrirá un cambio mental súbito que podrás experimentar en todo tu cuerpo, se llama *paz*.

Lo verdaderamente importante es que comprendas que no quieres llegar a la isla de la felicidad, mucho más que a la de la paz. La felicidad temporal puede ser engañosa, se desdibuja cuando no sucede acompañada de toda la paz.

El maestro me dio justo el mensaje *auditivo* y Crucial que yo necesitaba y al momento entendí que esa lección cambiaría mi vida. Pude ver *la lección* y la *bendición* que me *libera* en vez de *ver el ataque*. Lo más importante es que pasé *del miedo al amor*, y esos, querido lector, son los *milagros en la vida cotidiana*.

¡Mira qué grande es cuando puedes ver por encima de todo! Deshaces kilos o vidas enteras de dolor. Mi interpretación entera de la injusticia, del esfuerzo arduo necesario, que había resguardado celosa e inconsciente en mi mente, había cambiado en ese momento, en vez de eso, acepté *el merecer* aprobación, "aprobar el examen autoimpuesto", el darme permiso de recibir, de triunfar.

> No se trata tanto en realidad de tu esfuerzo exterior, sino del interior.
> En vez de atacarme, me auto apruebo.
> Sólo por hoy.

El amor te dará todas las oportunidades que necesites para dejar de castigarte

¿Te puedes imaginar cuántas veces habrás vivido de distinta forma esta enseñanza? Tal vez no has profundizado lo suficiente en esto, pero ¿cuántas veces te habrás castigado antes de darte permiso de recibir? Fuimos "educados" para *castigarnos lo suficiente* antes de merecer, *¿alguna vez habrás creído que tenías que trabajar duro para ganártelo?* Cada uno decide hasta cuándo el castigo "es suficiente". Eres el único que sostiene la pesada regla con la que te mides. Y después convocas "a tus jueces" para que cumplan al pie de la letra tu profecía.

Monstruos imaginarios en tu clóset

Cuando nos enfocamos en nuestros más grandes miedos, tenemos los resultados más monstruosos. Los que nos comen vivos, nos torturan y atormentan, observa si no paras de hablar de ellos. Al alimentar el miedo, menos verás la salida. Pero incluso en esos momentos de pesadilla, el Amor cuida de ti, tiene *confianza* en ti. Y *necesitas tener más confianza en ti*, en que puedes superarlo, darle la vuelta a lo que te parezca lo más terrible. No importa qué edad tengas, siempre hay nuevas oportunidades para conquistarte. No dudes que la vida te está invitando a crecer ahora mismo al leer esto.

El Amor está cuidando de ti, tiene *confianza* en ti

Mira qué perfecto es el plan, yo ahí era mucho más jovencita, pero esa lección la viví y se me repitió de distintas maneras, para que pueda por encima de todo seguir comprendiendo. Si tu mente no está entrenada, nos ponemos en la situación de más tensión, estrés y dolor en vez de ver la situación de la manera más *milagrosa* posible, pero para eso se requiere *desear el cambio de mentalidad*, ese primer paso te permitirá aceptar por fin amor y paz.

Años más adelante tendría que repasar esto nuevamente, ante la abrupta ceguera temporal que tuve y la imposibilidad de mover mi cuerpo, esa parálisis me llevó a preguntarme de manera más consciente, qué se *requería* de mí, ¿cómo servía mejor al plan? ¿qué estaba evitando darme? Entonces repasas la lección, luego aceptas la guía y se requiere tomar acción. ¡No te rindas, mejor acepta crecer!

Te voy a decir como mi maestro ese día, "yo sé que sí puedes", cuando a ti te falte la confianza, yo la tendré por ti. Mantente seguro que el Amor la tiene por ti, sólo necesitas creerlo posible, ¿recuerdas?

Una mente no entrenada podría ver esto como algo sumamente trivial, la historia de alguien que casi reprueba un examen y punto, pero para aquel que ya se ha entrenado, o está listo para el siguiente paso para su despertar, comprende su profundidad y te aviso, están tocando a tu puerta.

Recuerda que si hay miedo en ti, habrá mil cosas que tendrán la posibilidad de salir "mal" allá "afuera", y todo lo verás con cautela, con desconfianza, la injusticia será una posibilidad real, serás tu propia víctima. En cambio, el verdadero *líder conectado* con la *Claridad*, si decide entrenar su mente, encontrará en ella paz.

El alumno que está deseoso de despertar comprende la crucial importancia de pasar del miedo al amor.

Otro ejemplo de Mensaje Crucial

Antes de cerrar este capítulo quiero darte otro ejemplo del Mensaje Crucial que pueda resultarte muy cercano y cotidiano, para que veas que en ocasiones son mensajes muy sencillos, pero igualmente contundentes.

Este mensaje lo recibí incluso más joven que en la historia previa, estaba en la preparatoria. En una ocasión la coordinadora del departamento de inglés, la maestra Rosamaría, me mandó llamar a la dirección. Al entrar a su oficina me dijo que pensó en mí para sugerirme un trabajo para el que creía que yo tenía madera, quería sugerirme que fuera "maestra".

El trabajo consistía en ser la maestra sustituta de la maestra de inglés para los niños de primaria, cuyo plantel estaba a lado de mi preparatoria. Si la maestra avisaba que no llegaría por reportarse enferma o por la razón que fuera, me llamarían a mi casa para avisarme y que pudiera llegar a cubrir su lugar. No sonaba como algo muy atractivo tener que correr por las mañanas, pero algo en mí lo sentía muy bien. Le pregunté ¿por qué había pensado en mí para el trabajo?

Me contestó algo que podría no estar tan relacionado con la oferta, pero ahí fue cuando sentí que me estremecí, ella me dijo:

"El inglés será muy importante en tu vida, demasiado importante, así que es bueno que lo practiques, que lo aprendas bien porque va a hacer la gran diferencia en tu vida."

Cuando me lo dijo me resonó totalmente con sabor a futuro ¡Lo sentí tanto! Hasta el día de hoy tengo grabada la imagen de nosotras dos sentadas en su oficina. Decidí aceptar y entonces trabajaba algunas mañanas dando clases y por las tardes estudiaba.

Aunque pienses que era un mensaje muy general, cuando lo terminó de decir *sentí escalofríos*, sabía que había una profundidad en esa frase que no podía explicar, solamente *sonaba real.* Era algo que sucedería y *me lo estaban avisando con tiempo.*

Más adelante también me sugirió que tomara un programa que se llamaba "Teachers", es decir "Maestros" ¡y mira a lo que me dedico hoy! Así de simple, era un programa para *aprender a enseñar* en inglés. Aunque no me dedico a dar clases de inglés, sin duda me ayudó a cambiar mi manera de pensar, a ver el idioma de otra manera pero, sobre todo, desde ahí me estaban ayudando a *aprender a enseñar* y nuevamente estaba relacionado con el idioma inglés. En realidad, la misión de mi vida se me estaba revelando desde muy joven, porque había que empezar por la práctica.

Momento de poner atención. Hay varios elementos a considerar para que sepas la diferencia entre algo que quieres o te gusta escuchar, y un Mensaje Crucial.

Repasemos cuando es un mensaje de clariconexión *crucial*:

Auditivo: alguien más que puede ver la oportunidad que tú no puedes ver, te lo dirá.

Sensorial: puedes sentir escalofríos o estremecerte, se siente real.

Memorable: algo dentro de ti te dice que es importante que recuerdes eso, se te quedará grabado.

Mental: sabes que es importante poner atención en eso, sabes que ese es un mensaje para ti.

(Efectos especiales.) Puede ocurrir que también en ese preciso momento suceda un sonido en particular. En realidad, quieren *reforzar* y acompañar el mensaje como efecto de sonido especial, tipo de película. [Poner *Happy fase*]

Y ahora la pregunta es, ¿si te dieran ese mensaje crucial que anunciara esa "gran ventaja" o esa información que te sacará de un apuro o te diera el nuevo rumbo en tu vida para avanzar en la dirección de tus más altos talentos y en tu más alto beneficio ¿te gustaría recibir esa información, ese pedazo de información que hará más luminoso y abundante tu futuro, lo querrías recibir?

¡¿Te das cuenta cómo te ayudaría a prepararte y a poner atención siempre que algo relacionado con eso surgiera en tu vida?! ¡Eso es algo muy valioso! Porque eso te ayuda a tomar decisiones estratégicas, te ayuda a discernir qué es más importante, qué es valioso y qué no lo es tanto.

En mi caso, me permitió darle importancia y prioridad a estudiar, leer y escuchar en inglés, algo dentro de mí me decía que lo necesitaría. ¡Además, a lo largo de mi vida pude apreciar cómo era muy real!, mis resultados y oportunidades hubieran sido muy distintas de no hacerlo. Sobre todo, para aprender lo que necesitaba, estudié y leí mucho en inglés, como ves, más adelante el inglés sería clave para irme a estudiar a Canadá, cursar y aprobar la materia y recibir otro mensaje crucial que, nuevamente, cambiaría el rumbo de mi vida.

¿No es emocionante? Antes de cerrar este capítulo te invito a que recapitules y reflexiones. Te dejo con estas poderosas preguntas.

¿Puedes recordar un momento en el que sentiste que era crucial que le pusieras atención a eso que sentías, a la información que te estaban diciendo, a esa persona con la que estabas hablando o a esa oportunidad que te mencionaban?

¿Habrás recibido algún mensaje que ignoraste?

¿Qué estabas evitando darte antes de leer este capítulo?

¿De qué maneras te estás castigando antes de darte permiso de recibir?

Que el que tenga oídos, escuche; que el que quiera ver, que salga de su ceguera; que el que va a guiar a otros, tenga lo que necesita. Así sea, así ya es.

De nuevo, como diría el amado maestro Jesús:

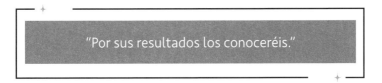

"Por sus resultados los conoceréis."

Si quieres seguir descubriendo las herramientas secretas para comprender mejor los mensajes, entonces prepárate para acercarnos a las estrellas. ¿Será posible saber por qué siento como si esto ya lo hubiera vivido? ¿Ya lo había visto en alguna parte? ¿Habrá un mensaje para ti ahí, que si lo ves podría ser muy provechoso para ti?

¡Tal vez te sorprendas más de lo que crees! ¡Te hablo de ello a continuación!

06

Mensaje Estrella Fugaz

*"La belleza de una estrella fugaz
radica en su fugacidad; su brillo intenso y breve
nos hace valorar cada momento de nuestra vida."*
—Ralph Waldo Emerson

Las estrellas fugaces nos recuerdan que, en un instante, todo puede cambiar. Así como ellas atraviesan el cielo, nosotros podemos desafiar los límites y llegar a lugares inimaginables.

Así que a continuación te voy a platicar, como a diferencia del Mensaje Crucial, el Mensaje Estrella Fugaz es un *mensaje visual y sensorial* que te dará mucha alegría. Me encantan ya que te permiten tener una vista temporal "desde arriba" de la situación que estás viviendo, *una vista aérea*, digamos. Te los entregan para elevarte más allá de la situación que te tiene ensimismado, cuando le estás dando vueltas a algo, o al contrario, cuando tu energía está lo suficientemente alta para darte un atisbo de tu futuro y te ayuda a darte claridad.

La forma más común de experimentarlos es como si fueran *brincos en el tiempo*. Se llaman Mensajes Estrella porque, como ellas, pueden ver desde arriba la situación, lo que sería tu presente, pero también cómo se verá adelante en tu camino, es decir en lo que tú llamarías futuro. Cuando recibes este tipo de mensaje, tendrás la sensación de ya haber vivido algo o sentirte muy cercano a alguien. Son *sensaciones* que experimentas que te permiten vislumbrar un futuro cercano o próximo, como un salto a tu futuro, mostrarte lo que hay delante en tu vida.

Estos sutiles mensajes se vuelven muy útiles porque te validarán ideas, proyectos, la buena decisión de estar en *ese* lugar o sobre todo con *ciertas* personas. La recomendación que te doy cuando tengas esta sensación *de que ya lo viviste*, sin haber estado ahí físicamente, es que justo en ese momento pongas mucha atención a lo que te dice tu intuición. Haz una pausa y cobra conciencia de lo que sientes al estar ahí. Quieren poner énfasis en ese momento por alguna razón y, ¡atención!, puede ser por una razón tan sencilla como lo es para que lo disfrutes mucho, que disfrutes la compañía irrepetible de ese momento, o porque es importante que estés ahí, viviendo eso. Eso es suficiente razón, ya que nuestro ego siempre piensa en lo malo, en el futuro y se le escapa el presente. Disfrutar del presente es suficiente razón, pero suelen haber más bendiciones.

La magia está presente todos los días, si no la ves es que tal vez estés caminando con los ojos cerrados, pero incluso así, la magia se hace presente para una mente entrenada. Así que aquí comenzamos a hablar algo de esa magia en nuestra vida diaria. ¿Alguna vez has sentido como que ya lo hubieras vivido?, o si ya viste esa escena antes de estar físicamente, puedes estar recibiendo un Mensaje Estrella. Si *lo ves* sin haberlo vivido, te tengo noticias, eso puede ser importante para tu futuro.

El objetivo

Es importante que recuerdes que te quieren *validar* algo con estos mensajes, incluso sólo para validarte que es posible la *clariconexión*. Otra razón puede ser para confirmarte una dirección o guiarte a dónde ir, qué te daría buenos resultados; para que confíes que está bien hacerlo más allá de todas las historias que se hace el ego. Si necesitas una validación de lo que estás planeando hacer para futuro, pide este tipo de mensaje. Por ejemplo, ya sea para preguntar si irte a vivir a otra ciudad, o si te ves en un lugar en el que hoy no vives, el mensaje puede ser una respuesta, el simple hecho de leer estas letras en este momento abre tu mentalidad a nuevas posibilidades, es decir, haces que sea posible en tu realidad, te das permiso de recibir una respuesta con este tipo de mensaje. Lo haces posible en tu realidad, al saber que puedes recibir esta guía. Lo que llamas *tu realidad*, desde el mundo espiritual nos indica que es lo que aún no comprendes, pero crees que sí y que incluso crees controlar hasta cierto punto. A nuestro ego le gusta tener la sensación de control, así que todas nuestras *ideas limitantes e ilusiones* son usadas para nuestro despertar, es decir, el mundo espiritual no va a discutir lo que tu consideres importante, sólo te muestra otra posible realidad con mayor salud y abundancia.

> Generalmente suceden cuando acabas de alcanzar un pico de claridad.

Otro significado por el cual me explican que también se les llama *estrella* es porque son sucesos o mensajes de "luz en el camino", es *la estrella* que necesitas para mantener una dirección hacia tu salud, tu abundancia emocional o financiera.

Te quiero transmitir el ejemplo visual que me dieron cuando canalicé la descripción de este tipo de mensaje (sí, para escribir este libro y compartir esta información contigo) para que te sea muy útil y tal vez mueva tu corazón como movió el mío. Un mensaje estrella recibe su nombre también así, porque es como la estrella que guio a los 3 hombres sabios y abundantes del oriente a encontrar lo más grande e importante de sus vidas, a Jesús. Su guía fue una estrella, nunca perdieron el norte porque para reunirse con su destino tenían que seguir la estrella, para llegar a ese encuentro en el futuro que había sido prometido. Si lo dudaban dejarían de ver la luz, la guía que les daba la Estrella del Norte, pero en cambio, lejos de dudar, lo que sucedió fue que ellos, ante el mensaje que recibieron del futuro nacimiento, se prepararon y pensaron en lo mejor, en los más importantes regalos que podrían llevar con ellos, la mirra, el oro y el incienso.

Estas eran mercancías de las más valiosas para esos tiempos. La mirra y el incienso tenían el mismo valor que el oro, por eso los consiguieron.

Para que lo lleves a los tiempos de ahora, es como decidir o soñar despierto que vas a ir en dirección a Nueva York cuando ni siquiera estabas planeando ir allá, y ni sabrías para qué exactamente, pero esos regalos ya están dentro de ti, solo te presentarías a la cita para recibir más regalos. Entonces te dan este Mensaje Estrella Fugaz y se puede volver un sueño recurrente. Se te puede olvidar, pero ya estando un día ahí recuerdas y dices cosas como: "Ay, esto ya lo había vivido", "yo tengo la sensación de que ya habíamos tenido esta conversación" o "ya había estado aquí", sientes una sensación de sorpresa y de una rara emoción.

Ejemplo de un Mensaje Estrella Fugaz

Cuando estaba conduciendo la meditación de mi programa Clarity, los participantes fueron guiados para ir a un destino, ver ese lugar en su mente y poner atención. Uno de mis alumnos vio claramente cómo sobrevolaba lo que parecía un gran cuerpo de agua azul. El cuerpo de agua era redondo y estaba rodeado por muchos árboles muy verdes y de forma particularmente redonda. Parecía una selva. Cuando me contó, me dijo que al verlo no reconoció el lugar, esto le pareció raro, y por más que trataba de hacer memoria, no sabía dónde podría ser. ¿Qué confusión no? ¿Para qué el mundo espiritual me daría una visión de algo que no entiendo? ¿O será que lo hice mal? Y ahí está la voz del ego que te mencioné en el capítulo tres.

Sin embargo, le pareció hermoso e interesante. Él no tenía idea porque su meditación lo había llevado ahí. Lo que sí sentía es que en su meditación había volado hacia ese lugar y lo había visto desde arriba. Lo sobrevolaba y le parecía realmente hermoso el sitio, lo había vibrado y *sabía* sin saber cómo, que era un lugar que le traería cosas buenas en su futuro.

Sintió la belleza de estar en esa selva (sin estar físicamente) y en ese lugar antes de que se imaginara que... ¡tarán! recibiría una invitación muy especial ¡la siguiente semana! Mira cómo estos Mensajes Estrella Fugaz pueden darte la validación que necesitas para saber que no te lo estabas imaginando, sólo necesitas darles tiempo.

Tan solo a la semana siguiente, él recibió la invitación de ir a Bacalar, un lugar hermoso al sureste de México en el estado de Quintana Roo, muy cerca de Chetumal, el hotel donde se quedó quedaba frente a una gran laguna de color turquesa, rodeada por una pequeña selva. Aunque era un cuerpo de agua, éste no se parecía al de la meditación que había tenido. Sin embargo, paciencia, unos días más tarde se organizó una visita a un Cenote cercano llamado el Cenote Azul. Ahora sí: ¡Sorpresa! En cuanto llegó a ese lugar, se sorprendió enormemente porque en ese momento pudo ver que ¡ese era efectivamente el lugar que había visto en su meditación! ¡Era azul, era particularmente redondo y estaba rodeado por árboles, tal como lo había visto!

Después de la grata sorpresa corrió a meterse al gran Cenote Azul para descubrir cuál era el mensaje que tenían para él. Aunque me confesó que no era un gran fan de nadar grandes distancias estaba decidido a nadar sólo por la felicidad de estar ahí y vivir esta increíble experiencia hecha realidad. Mientras nadaba el extenso cuerpo de agua con cierta dificultad, mi alumno *recordó súbitamente* que durante su vida había tenido muchos problemas con su respiración y esto le había traído malos ratos practicando diversos deportes, como el fútbol americano y probablemente estos problemas respiratorios habían sido la causa de múltiples enfermedades que había sufrido de pequeño. Algo estaba mal pero no sabía qué era y ahora recordaba todo esto.

Sabía que tenía que ver con la respiración y probablemente todavía era un bloqueo para mejorar en muchos aspectos de su vida. Nadando ahí, estando justo en ese lugar de su visión, cayó en cuenta de que, aunque sentía cierta dificultad, todo estaba bien, no le iba a pasar nada, no se iba a ahogar y todo iba a estar bien. Su miedo disminuyó y fue cuando cayó en cuenta de que ¡*nadar* podría ser una práctica que le traería beneficios para su salud!, le ayudaría a trabajar para mejorar su respiración, algo en lo que había olvidado poner más atención, así como para mejorar en otras áreas de su vida. Ya que, para nadar, hay que aprender a respirar, y eso le había costado trabajo desde hace mucho tiempo. Todo esto llegaba a su mente mientras nadaba ahí.

Se mantuvo nadando y decidió regresar a los dos días sólo para volver a zambullirse por largo rato y disfrutar. Terminó con una profunda sensación de agradecimiento en medio de ese hermoso lugar, sintiéndose bendecido por toda la experiencia y el mensaje recibido. Algo en él, al comprender el mensaje, había sanado y sintió paz.

Si quieres recibir una imagen que te recuerde el poder de este mensaje como una *clariayuda* para ti entra a www.taniakaram.com/estrella

Conclusión

No olvides el poder de abrir tu mente a los Mensajes Estrella Fugaz que el mundo espiritual te da en esta forma también. Date permiso de experimentar. A veces simplemente olvidamos rodearnos de la belleza de la vida y este tipo de mensajes también tienen como propósito recordarte lugares a los que podrías ir, que son importantes para ti, para tu sanación y para tu comprensión de problemas que podrías solucionar. Personas que puedes reconocer más adelante, o como ya dije, validarte, pues no es la primera vez que vas a ese lugar porque ya lo viste antes *en el mensaje*. Sigue las pistas, los Mensajes Estrella Fugaz te darán esas señales visuales que te pueden ayudar a darte salud y abundancia de una forma sencilla, como es en realidad la verdadera espiritualidad. Si los quieres los tendrás para validar tu intuición.

Me encantan los Mensajes Estrella Fugaz y sus rápidos resultados. Pon más atención a tus visiones desde el día de hoy. ¿Listo para el siguiente poderoso tipo de mensaje? Te aseguro que será un excelente complemento, ¡vamos!

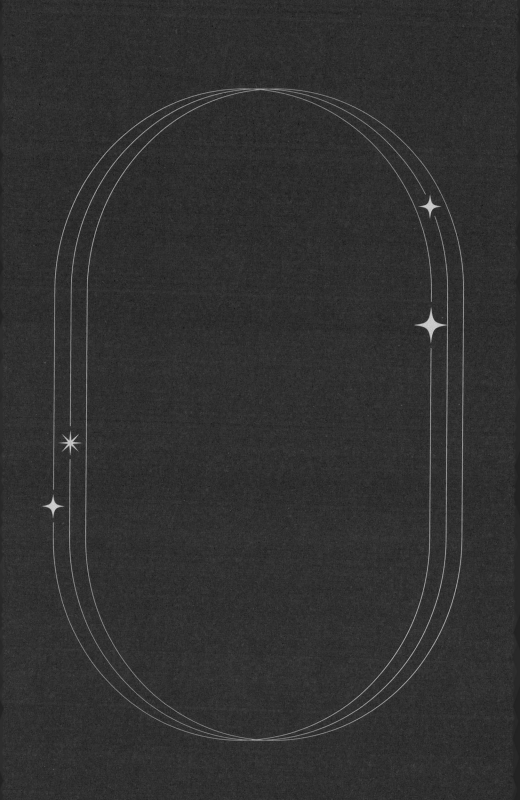

07

Mensaje Fuera del Tiempo

"El tiempo es demasiado lento para aquellos que esperan,
demasiado rápido para aquellos que temen, demasiado largo
para aquellos que sufren, demasiado corto para aquellos
que celebran. Pero para aquellos que aman, el tiempo es eterno."

—Henry Van Dyke

¡Cómo puede variar tanto nuestra interpretación del tiempo! ¿Cierto? Esto es porque el tiempo no es *lineal*, se alarga, se estira y se reduce a un instante la felicidad según lo que suceda en tu mente. Como diría Albert Einstein: "El tiempo es una ilusión", pero puede ser una muy productiva si lo empleas bien, o como diría también George Bernard

Shaw: "El tiempo es lo que hacemos con él." En ocasiones, los mensajes del pasado llegan al presente para recordarnos lecciones no aprendidas y así facilitar nuestra sanación, de eso te hablaré en este capítulo. El tiempo, si se usa como un instrumento de aprendizaje, será una herramienta para alcanzar paz, salud y felicidad.

Empezaré por contarte esta historia que nos servirá como un ejemplo. Algunos de ustedes quizás recuerden a la talentosa y famosa actriz de los años treinta, Audrey Hepburn. Aunque era conocida por su belleza y talento en la pantalla, pocos sabían que Audrey luchaba contra una intensa fobia a los aviones. Esta fobia le impedía viajar y le generaba una gran ansiedad cada vez que se enfrentaba a la idea de volar.

Durante años, Audrey evitó viajes en avión y rechazó incluso ofertas de trabajo que requerían desplazarse por aire. Sin embargo, en un punto crucial de su carrera, se le presentó la oportunidad de protagonizar una película que requería filmaciones en diferentes ubicaciones alrededor del mundo. Audrey se encontraba en una encrucijada, sabía que esta película podría ser su gran avance en Hollywood, pero también significaría enfrentar su mayor miedo. ¿Acaso no te ha pasado alguna vez?, creo que todos hemos estado enfrente de un miedo irracional en algún momento, el cual tenemos la opción de enfrentar y sanar.

Decidida a no dejar que su fobia la limitara, Audrey buscó ayuda profesional y comenzó a trabajar con un terapeuta especializado en fobias a volar. Durante meses se sometió a terapia y aprendió técnicas de relajación y control de la ansiedad. Además, se informó ampliamente sobre los aviones y el proceso de vuelo, tratando de desmitificar todos los aspectos que la asustaban.

Finalmente, llegó el día en que Audrey tenía que subir a un avión para comenzar el rodaje de la película. Aunque estaba nerviosa, se sentía preparada para enfrentar su miedo. Con cada vuelo, su confianza creció, y poco a poco la ansiedad disminuyó.

A medida que Audrey superaba su fobia a los aviones, su vida comenzó a transformarse. Ahora podía aceptar roles en películas que implicaban viajar, y su carrera se expandió a nivel internacional. Su talento y carisma brillaron en la pantalla y ¡se convirtió en una de las actrices más reconocidas y respetadas de su generación!

Pero el cambio no se limitó a su carrera profesional. Superar su fobia a volar le abrió un mundo de posibilidades en su *vida personal*. Audrey pudo viajar y explorar diferentes culturas, conocer a personas de todo el mundo y participar en diversas causas humanitarias. Su experiencia personal la llevó a convertirse en embajadora de buena voluntad de UNICEF y dedicó gran parte de su vida a ayudar a los niños más necesitados.

Audrey Hepburn se convirtió en un ícono de elegancia y altruismo; su vida y legado siguen inspirando a muchas personas en todo el mundo. Su historia demuestra que superar una fobia o un miedo irracional, puede abrir puertas a nuevas experiencias, oportunidades y, por supuesto, hacer un impacto positivo, no sólo en nuestras vidas también en la vida de los demás. ¿Ya conocías esta historia?

¿Qué tal si hubiera una manera más fácil de sanar y que no tomara años para ser tratado y resuelto? Pues te tengo una gran noticia, los Mensajes Fuera del Tiempo nos permiten conectar con nuestra esencia espiritual y acceder a la información que necesitamos para sanar, de la mano de nuestra intuición y sabiduría interna, con las imágenes que puedes visualizar a través de un Mensaje Fuera del Tiempo. Este tipo de mensajes nos ayudan a explorar las *causas origen* de nuestros miedos, enfermedades, bloqueos y a liberar las emociones negativas asociadas a estos.

Entonces, la ayuda espiritual en forma de Mensajes Fuera del Tiempo puede ser una muy poderosa herramienta para sanar fobias, alergias y otros miedos irracionales. Estos mensajes actúan en un nivel profundo de nuestra conciencia, por lo que no es necesario que entiendas cómo funciona, te puedo decir de primera mano que cuando tenemos información de lo que ocurrió, lo que detonó ese miedo, esa alergia, ese bloqueo, basta con *saberlo,* para que el efecto disminuya o desaparezca y de esa manera superar estas limitaciones. Además, nos permiten explorar nuestras *vidas pasadas* y sanar traumas en nuestro inconsciente que hoy no recordamos.

Según muchas tradiciones espirituales, se cree que llevamos con nosotros las experiencias y los traumas de vidas anteriores que pueden afectar nuestra vida presente de maneras sutiles pero significativas, incluyendo aquello a lo que elegiste dedicarte en esta vida y las personas que te rodean. Al conectar con nuestra esencia espiritual y recibir mensajes específicos *fuera del tiempo*, podemos acceder a esa información y recuerdos que están más allá de nuestro conocimiento consciente.

"Cuando abrimos nuestra mente a la posibilidad de mensajes fuera del tiempo, nos permitimos recibir la guía necesaria para sanar nuestras heridas más profundas."

A través de Mensajes Fuera del Tiempo, podemos identificar:

- Patrones repetitivos.
- Bloqueos emocionales.
- Heridas no resueltas que se originaron en experiencias anteriores.
- Conexiones kármicas, es decir, acciones que te faltaron realizar o acciones con las que no te sentiste satisfecho en otras vidas (atención a esto, el karma no es igual a castigo).
- Lecciones pendientes por aprender.
- El origen de fobias.
- El origen de alergias y otras enfermedades.
- Y en general, oportunidades para el crecimiento espiritual.

Sanar los traumas de vidas pasadas puede tener un impacto profundo en nuestra vida presente. Al liberar y sanar esas heridas, podemos experimentar una mayor paz interior, claridad mental, conexiones más saludables con los demás y un mayor sentido de propósito en nuestra vida, permitiéndonos vivir más plenamente en el presente.

Quiero aclarar algo, es importante tener en cuenta que, si tienes una enfermedad que requiere atención médica o estás tomando medicamentos, no es recomendable suspenderlos de ninguna manera. La ayuda espiritual en forma de mensajes que te guían no sustituye la atención médica o terapias adicionales que requieran determinada condición. Sin embargo, puede complementar y potenciar estos enfoques, brindándonos una dimensión adicional de sanación a nivel espiritual y emocional.

Te contaré un ejemplo: mi vida en Egipto y la fobia que sané

Permíteme compartir contigo mi experiencia personal como canalizadora con más de 40 años de práctica y cómo descubrí el valor de recibir estos importantes Mensajes Fuera del Tiempo. En una ocasión, asistí a una cita donde querían probar un nuevo aparato capaz de medir las auras y la información energética que emanaba nuestro cuerpo. El resultado fue interesante y positivo, pero lo que más quiero destacar es lo que sucedió después al regresar a mi casa. Esa noche empecé a tener *un sueño* que en realidad era la forma en la que podían comunicarse conmigo sin encontrar resistencia. En el sueño me vi volando hacia Egipto. Mientras me acercaba a lo que parecían las pirámides, sentí una profunda resistencia a avanzar en todo mi cuerpo. El miedo se apoderó de mí y traté de detenerme. Había una tormenta de arena frente a mí, con nubes negras y rayos. Una voz me decía:

> "Si te acercas más, te causará dolor,
> pero descubrirás el origen."

Sabía que algo importante había sucedido allí. Pero a veces tenemos miedo de enfrentar lo que nos liberará debido al dolor que puede ocasionar ver ese momento. A pesar de que todo en mí quería retroceder y deshacerme de esa imagen, mi deseo consciente de sanar y ver por encima de todo fue más fuerte. Así que telepáticamente respondí que estaba bien seguir adelante. Mi cuerpo en el sueño comenzó a avanzar y me di cuenta de que yo estaba controlando el sueño, por lo que no podía ser un sueño común. A medida que me acercaba, la resistencia y las ganas de gritar aumentaban. Quería huir de cualquier manera, sentía que si me acercaba, moriría. Aun así, decidí continuar.

A medida que avanzaba, sentí como si la pirámide me atrajera, me envolviera y me consumiera. Me encontré dentro de lo que parecía una cámara secreta. Allí había una mujer y supe que era yo y habían decidido matarme. Gritaba para que me dejaran salir de ese lugar estrecho, pero en lugar de eso, vi como la arena comenzó a entrar. Deslizándose por las paredes, la arena poco a poco llenaba el lugar. Me apretaba, me asfixiaba hasta que ya no pude respirar más. Todo fue cubierto por la arena y mi cuerpo no tuvo un entierro adecuado ni fui momificada, lo cual era el peor castigo, porque olvidaría quién había sido. En ese momento, sentí el dolor psicológico y el dolor de ser separada de mis seres queridos, además del dolor físico.

Cuando la arena estaba a punto de entrar en mis fosas nasales, decidí "despertar". Para mi sorpresa, estaba sudando frío y empecé a hablar, pidiendo sanar esa experiencia. Me pregunté por qué me permitían ver esto, y La Voz respondió en mi mente:

"Porque pediste sanar, y sanar es una elección."

Ante eso, respondí: "Por encima de todo, quiero ver." A pesar de tener los ojos abiertos, *el sueño* ya no era necesario, ahora podía seguir viendo las imágenes estando sentada en mi cama, despierta.

Vi cómo morí en esa cámara y cómo nadie vendría a recogerme. El dolor psicológico y físico quedó grabado como una impresión en mí. Ahora podía hacer el trabajo de perdonarlo. Aunque eso no correspondía a esta vida, ¿podría perdonar lo que la Visión me mostraba con claridad? Así lo hice, perdoné y estuve con fiebre durante toda la noche. Estuve tomando agua constantemente para mitigar mi sed de vidas y facilitar mi proceso. Elegí conscientemente qué camino tomar. La venganza no era una opción. ¿Iba a elegir la ira, la tristeza, la sensación de víctima o la sanación? Decidí perdonar, amar y reconocer a esa mujer. Cuando lo hice, desperté de ese *trance*. Sabía que estaba completa. La había reconocido y abrazado integrándola a mí.

Pensarías que eso fue todo, pero déjame contarte al menos uno de los efectos de haber recibido este Mensaje Fuera del Tiempo. Ahora entendía por qué en esta vida ¡me molestaba tanto la arena en mi piel! Cada vez que iba a la playa, el contacto por más mínimo que fuera con la arena, enrojecía mi piel y, durante varios días, experimentaba una irritación molesta constante. Siempre intentaba deshacerme de la arena de cualquier manera posible.

Después de recibir este Mensaje Fuera del Tiempo, la arena dejó de tener ese efecto en mí. Sorpresivamente ahora puedo estar en contacto con ella sin sufrir, y mi alergia parece haber sido grandemente curada. ¿Crees que esto podría ser una coincidencia?

Así concluye mi historia, llena de asombro por las infinitas posibilidades que el mundo espiritual tiene para nosotros cuando nos entrega estos Mensajes Fuera del Tiempo. Es como si recibieras una pista valiosa para tu propia sanación y crecimiento. Con amor y gratitud celebro las oportunidades que se nos presentan a través de estos mensajes espirituales y la capacidad que tenemos de trascender nuestros miedos y limitaciones para vivir una vida plena y conectada a nuestro ser más elevado.

> Si quieres recibir una imagen que te recuerde el poder de este mensaje como una *clariayuda* para ti entra a www.taniakaram.com/tiempo

Recuerda y ten presente:

> A veces, las respuestas que buscamos no están en nuestro presente, sino enterradas en el pasado; ir al origen nos permite acceder a las respuestas que nos darán la oportunidad de sanar.

En resumen, la ayuda espiritual en forma de Mensajes Fuera del Tiempo, puede ser una herramienta valiosa para sanar fobias, alergias y otros miedos irracionales. Al conectarnos con nuestra esencia espiritual, explorar las *causas origen* y reprogramar nuestros patrones de pensamiento, podemos liberarnos de estas limitaciones y vivir una vida más plena y empoderada. Además, tenemos la oportunidad de explorar nuestras vidas pasadas, identificar traumas ocultos y sanar heridas que afectan nuestra vida presente. Al liberar estos traumas, podemos experimentar una mayor claridad, paz y lograr plenitud en nuestra vida actual.

¿Qué tal, te gustaría experimentar esa libertad? Vamos a subir un poco más en la montaña, lo que sigue es de las experiencias que más he agradecido en mi vida. Ampliará nuevamente lo que crees que es posible. Te quiero ayudar a romper muchas limitaciones mentales. Lo que te contaré a continuación es algo por lo que, aunque no quieras, pasarás, así que lo que encontrarás en las siguientes páginas puede hacer una gran diferencia en tu vida. Te lo comparto llena de esperanza para tu futuro.

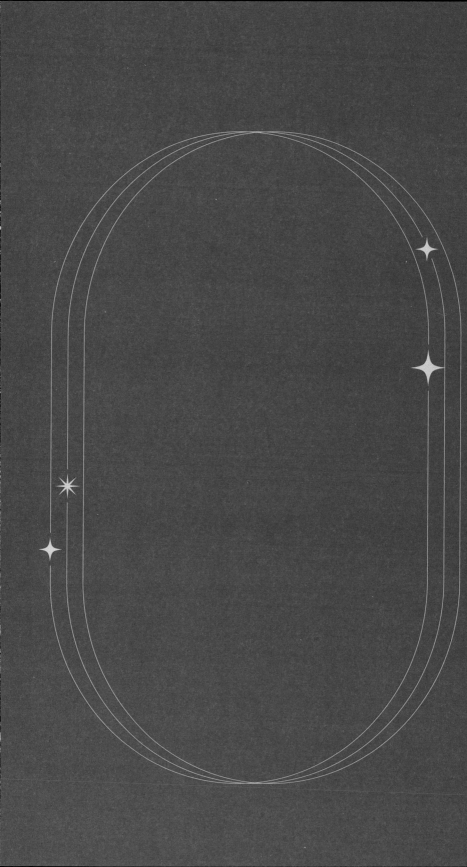

08

Mensajes de Salida

"La muerte no es la muerte
si se puede recordar en la tierra."
— *El Libro de los Muertos* del antiguo Egipto

¿Alguna vez te has detenido a reflexionar sobre ese inevitable destino que todos compartimos? Sí, me refiero a ese punto en el horizonte de nuestra existencia: nuestra propia muerte. ¡Cuánta resistencia tenemos a prepararnos ante lo único seguro en nuestra vida! En nuestra agitada existencia cotidiana evitamos pensar en nuestra propia mortalidad. Preferimos enfocarnos en nuestras metas, nuestros sueños y nuestras relaciones diarias, pero no dedicamos tiempo para reflexionar sobre ese futuro seguro, hasta que muchas veces somos forzados por la vida misma.

Sin embargo, ¿qué pasaría si te dijera que reflexionar sobre la muerte puede enriquecer profundamente nuestra experiencia de estar vivos? Y el mundo espiritual conoce esa importancia, aunque nosotros tratemos de olvidarlo. Después de ayudar a *bien morir* a muchas personas, siempre he llegado a la misma conclusión: ¡Cómo ayuda estar cerca de la muerte! Estar cerca de ella, se vuelve una dosis de vida.

Experimentar esos últimos momentos antes de que alguien haga su transición ayuda a poner, como siempre digo, "los pies en la tierra y la mirada en el cielo", también a cuestionarnos, ¿qué es lo más importante en este momento de mi vida? ¿Cómo quiero que sea mi vida y mi despedida? ¿qué errores cometí, qué me duele y qué puedo aprender de esto?

Te cuento que, en mi reciente viaje a Egipto, me llamó mucho la atención cómo ponían tanta atención en preparar su muerte, dedicaban gran parte de su vida a planear ese momento, incluso su tumba, con mucha antelación y lo que necesitarían para su transición. Pensaban en prepararse para irse con un corazón ligero ante *el juicio* que vendría.

Cada vez que pienso en esto, independientemente de las creencias y las filosofías de diversas tradiciones espirituales o religiosas, la mayoría, si no es que todas, han compartido la creencia de una vida después de la muerte. Esto nos recuerda que somos seres espirituales atravesando una experiencia terrenal temporal.

La vida ocurre entre esos dos puntos, tu nacimiento y tu muerte, lo que hay en medio es una aventura. Hagamos de ella una aventura digna de ser vivida, y si te abres a la posibilidad, este capítulo puede ampliar mucho tu perspectiva de la ayuda que podemos tener del mundo espiritual antes de hacer esa transición. En todo momento podemos recibir su auxilio y en esos instantes cruciales no hay excepción. Un día es seguro que estarás ahí, cerca de hacer tu transición, así que conocer esta información te puede ayudar a tener paz ante la perspectiva de tu propia muerte o la de alguien que amas.

También puede cambiar la forma en la que vas a *interactuar* y cómo puede ser tu despedida con las personas que amas. En este capítulo explicaremos cómo los Mensajes de Salida nos guían y acompañan en el proceso de trascender de esta vida hacia la próxima de la manera más amorosa. Estos mensajes te ofrecen consuelo y te ayudan a encontrar un propósito final, paz y esperanza.

Cuando pensamos que tenemos todo el tiempo del mundo, cuando creemos que somos muy jóvenes para pensar en ello, es cuando no nos preparamos en conciencia para esa posibilidad. Habríamos desperdiciado muchos años o toda una vida para prepararnos (sobre todo para la ideología de los egipcios). Por eso, mi deseo es que cuando te llegue ese momento, estés más consciente y pidas ayuda, sabiendo que La Voz del Amor, Dios, Universo o como tú lo llames, no olvida a nadie nunca y menos en esos momentos.

Especialmente para aquellos que tienen temor a la muerte, o si consideras que no has pensado mucho al respecto, los Mensajes de Salida que nos entrega el mundo espiritual nos dan la oportunidad de hacer nuestra despedida de la mejor manera y de encontrar la paz inclusive en ese punto de inflexión. ¿Estás listo para lo que sigue?

Todos serán llamados y sólo algunos querrán saber

Estos Mensajes de Salida no están reservados sólo para unos pocos privilegiados, están disponibles para todos aquellos que estén dispuestos a:

1. *Abrir una comunicación con el mundo espiritual.* Generalmente se facilita más para aquellos que creen en Dios, creen en su existencia o en algo superior que los trasciende, se sienten cercanos a Él, o tienen una práctica espiritual. Generalmente las personas ateas que creen que su vida acaba al morir, no lo contemplan como una posibilidad, entonces inclusive, aunque sucedan, le restan importancia o niegan los mensajes. En otras ocasiones porque dejamos que nuestra "inteligencia" nos detenga para ver un propósito mayor, y nuestra "inteligencia" cierra las puertas a esa comunicación, la "inteligencia" nos dice que es algo por atender o ya imposible de resolver y punto. No hay esa opción de ser cuidados de una manera sobrenatural, dirían, y menos tan *amorosa*. Es sólo ciencia, somos sólo cuerpo y suelen negar todas las experiencias sobrenaturales, aunque las experimenten.

2. *Abrir su corazón para que suceda la sanación.* Porque ese es el propósito, que tengas paz, pero eso sólo sucede si la quieres. Hay personas que tienen tanto miedo a morir, que nunca se dan permiso de entrar a ese lugar de vulnerabilidad con una valiente apertura. La muerte puede ayudar a nuestra gran transformación

espiritual antes de dejar el cuerpo. El cuerpo, como vehículo, puede morir, el cuerpo no se curó, pero *morimos sanados* y en paz.

3. *Aquellos que no tengan miedo a saber que "el final" en la forma física está cerca*. No podría enfatizar lo suficiente este punto. Es crucial, necesario. **El mundo espiritual nunca te va a comunicar algo que te genere miedo**. A todas las personas que he comunicado este mensaje lo han agradecido. Desean escuchar, saber, algunas otras prefieren evadir por miedo. **A veces por miedo, nos negamos el** *cielo.*

> El mundo espiritual nunca te va a comunicar algo que te genere miedo.

Esa, podría decirles, es siempre la condición que he notado en todos aquellos que he dado estos Mensajes de Salida, no tenían miedo a escuchar, no tenían miedo a saber. Al contrario, han sido entregados a personas valientes y responsables que ordenan su vida a raíz de esa información. El Mensaje de Salida puede ser para ti, comunicando la muerte de algún familiar, amigo o persona cercana amada para ti, cercano a ese momento.

Habrá quien pregunte: "¿Tania, y si no hay alguien que me *canalice* en esos momentos?"

Tranquilo, en el caso de que no haya alguien que les canalice en esos momentos, podrás notar lo siguiente:

- Puede manifestarse como un pensamiento constante, como una suave voz interior, una intuición reconfortante que nos transmite pensamientos de paz y sabiduría.

- Te llegan pensamientos recurrentes de llamar o buscar a alguien que podría ayudar o tú mismo ayudar a la persona que está cercana a morir. Por eso es importante contactarla cuanto antes. En otras ocasiones esa persona te encontrará a ti, gracias a la guía que ha recibido.

- También podemos recibir manifestaciones de ángeles, del Arcángel Azrael (conocido como el Arcángel de la muerte), u otras señales simbólicas a través de sueños o sincronicidades que capturan nuestra atención y nos llevan a reflexionar profundamente en el suceso por ocurrir, para despedirnos o hacer lo más conveniente.

- Tener "visitas" o visiones de personas que ya están por fallecer que se despiden u otras que ya fallecieron que vienen a reconfortar y avisar que nos están esperando del "otro lado".

Estos mensajes *amorosos de salida* nos pueden ayudar a comprender nuestro último propósito en la vida, lo que nos impulsa a vivir con autenticidad, significado y plenitud para esa etapa. A través de la conexión espiritual, recibimos orientación sobre las lecciones que es posible aprender, las acciones que nos sugieren tomar y cómo quitarnos el peso de encima, no es necesario sufrir.

Estos mensajes pueden llegar en momentos clave de nuestra existencia, cuando más los necesitamos o en aquellos instantes de profunda reflexión ante la enfermedad o un posible cercano cierre de vida.

La transición de la muerte puede evocar un profundo temor en muchos de nosotros. Sin embargo, la intención de los Mensajes de Salida es brindar consuelo y certeza en este proceso. Nos recuerdan que la muerte no es el fin, sino un renacimiento hacia una realidad trascendental llena de amor y luz. Si logras disminuir el miedo permitirás la clariconexión y al clariconectarnos, encontramos que entre más **amor, más disminuye el miedo** y nos permite abrazar la transición con serenidad.

Para que se comprenda mejor todo lo que he explicado, quiero compartir contigo un hermoso ejemplo, la historia de una canalización que hice a Alonso, sin duda un ser humano maravilloso que te dará una increíble muestra de esto que te hablo, el gran ejemplo de cómo al abrirnos a recibir los Mensajes de Salida, encontramos la seguridad de que nuestra existencia es parte de un plan más amplio y significativo.

Te quiero decir que, para mí, recordar esta historia es sumamente conmovedor, realmente me toca el corazón, tanto por la forma en la que sucedió nuestro encuentro y por lo que sucedió con Alonso. Estoy segura de que te dará mucha paz saber lo que el mundo espiritual puede hacer por ti. Además, te la quiero contar para que siga tocando muchos otros corazones, llenando de esperanza y consuelo a todos los que tengan cerca el duelo de un familiar o el suyo propio. Mi intención también es mostrarte cómo prepararnos para nuestra propia muerte puede ser un acto de amor hacia nosotros, tus familiares y hacia aquellos que nos rodean.

Dios y su cita con Alonso

Esto sucedió la ocupada tarde de un viernes 20 de agosto de 2021, en la que además de tener una mañana muy productiva, por la tarde todavía tenía tres citas más en mi agenda, una tras otra, vamos a decir que tenía un "viernes feliz". Parecía que iba a ser sólo una tarde llena de juntas, pero bien he dicho que mi agenda la lleva Dios en realidad.

Curiosa y repentinamente el plan cambió, ya que ¡las 3 personas agendadas cancelaron una tras otra, y cabe aclarar que éstas no se conocían, ni estaban relacionadas de ninguna manera! Me avisó mi asistente que todas, una llamada tras otra, se habían comunicado para cancelar. ¡Qué sorpresa! ¿Será que es mi tarde de viernes libre?, inmediatamente después de eso, me escribió una queridísima amiga, Linda, para pedirme un favor muy especial.

Rodrigo, un amigo cercano de ella, le había pedido un favor muy especial, y me aclaró que no era una persona que soliera pedirle este tipo de favores, ella intercedió por él y me mencionó que Alonso, el hermano de Rodrigo, había estado muy decaído, se encontraba desanimado por sus últimos tratamientos contra el cáncer, así que Rodrigo quería regalarle un momento de paz, de luz y de ayuda espiritual a su hermano. Linda concluyó preguntándome si creía posible hacerle un huequito en mi apretada agenda. ¿Crees que fue coincidencia que justo antes de entrar su mensaje me hubieran cancelado una tras otra las tres personas? Tres. ¿O sería que sólo estaban apartando el lugar de Alonso, con todo el tiempo que necesitaríamos? ¿Será que sin que ninguno lo supiéramos, ya era el momento de hablar?

De cualquier manera, podría haber escogido tener la tarde libre, pero como no creo en las coincidencias, supe que en realidad mi cita era con Alonso y estaba gustosa de ayudar. No tenía el gusto de conocer a Alonso, pero lo que me comentaron es que después de muchos intentos, había empezado un nuevo tratamiento, había tenido varias quimioterapias y las esperanzas estaban puestas en un nuevo tratamiento y entiendo que en nuevos medicamentos. Así que, canceladas mis citas, de inmediato le contesté que me podría marcar en ese mismo momento, además dije en voz alta y afirmé: "Me hago disponible para un bien mayor".

Alonso me llamó y empezamos la conversación. Hago un paréntesis para contarte que, por el tipo de canalizadora que soy, normalmente mientras la persona habla, yo pido guía y cuando terminan de hablar, estoy acostumbrada a tener la información necesaria para responder, aunque sea algo breve para ayudar. En mi misión de vida, tenía que aprender a bajar la información muy rápido por mi trabajo constante en radio y televisión, ¡ahí todo tiene que ser muy rápido!, así que estoy acostumbrada a pedir información y obtenerla de manera casi inmediata. Habiéndote explicado eso, como siempre me llega muy rápido la información, me extrañó que, en esta ocasión, mientras él me hablaba y explicaba su caso, La Voz sólo me contestaba y me repetía una y otra vez:

"Medita con él."

Así que cuando terminó de explicarme en la llamada telefónica, le pedí si podíamos cambiar a una videollamada por la información que recibía, necesitaba verlo a los ojos, explicarle y meditar con él. A lo cual él accedió gustosamente. Al comenzar la meditación lo primero que escuché en mi mente fue:

"Hoy te reúnes con él para ayudarlo a bien morir."

No te miento, el mensaje me sorprendió y me conmovió por supuesto, me hubiera encantado escuchar algo distinto, se suponía que le daría ánimos, y ahora la paz que él necesitaba era una que ni él, ni su familia sospechaban. Él había luchado mucho y querían que esto le diera más fuerza para salir adelante. Además de ese mensaje inicial, me dieron exactamente 10 puntos para tratar con él y ayudarle a que tuviera paz. Así que empecé a cerrar la meditación, inhalamos y exhalamos juntos, terminé la meditación inicial, acepté mi rol, pedí guía para seguir ahora con el resto de la sesión con lo recibido punto por punto.

Como es algo tratado en sesión privada, desde luego que no compartiré aquí los puntos, pero lo importante es que cobres conciencia de lo que sucede cuando nos abrimos a la comunicación con el mundo espiritual y cómo puede ésta ayudar a todos los involucrados. Te puedo contar para tu paz que, cuando le comenté que querían que revisáramos ciertos puntos y temas de su vida, y le pregunté si podía comenzar con el primer punto recibido, desde que se lo comenté, le empezaron a salir las lágrimas. Le pareció increíble que sus ángeles o La Voz amorosa de Dios le conocieran tanto y supieran tan bien lo que él necesitaba.

—¿Cómo es posible? ¡Pensé que iba a ser una conversación más general, pero me impresiona qué bien me conocen! —dijo Alonso.

—El Amor siempre cuida de ti y nos conoce en cada pensamiento y paso que damos, cómo no habrían de conocerte —le respondí.

Al ir avanzando punto tras punto, en medio de la conversación íbamos resolviendo cada tema y al llegar al último fue realmente conmovedor, era el punto llamado: *La Vida es Bella*, como la película. Ahí le decían que lo que pasaría en los siguientes días para él, podía ser como una escena en particular casi al final de esa película, *el final* sería muy importante porque lo podrían recordar así el resto de su vida. (Si no has visto el final de esa película, si sigues leyendo, sabrás prácticamente el final, te puedes detener aquí, o bien puedes entender el final de este mensaje tan amoroso que le dieron, y luego ver la película).

Te explico, la escena exacta que nos mostraron es cuando el papá del niñito y su hijo están en el campo de concentración, su hijo estaba escondido dentro de lo que era como un gabinete, solo que en ese momento al papá lo ve un oficial y entonces sabe que va a morir, pero en vez de hacer un drama, o correr a abrazar a su hijo, llorar con él y despedirse de una manera triste, extraordinariamente decide "seguir el juego" y le pide a su hijito que se mantenga escondido jugando desde ese lugar, mientras él se dirigía a su destino. El papá sabía que no lo vería más, pero fue lo más amoroso que pudo por su hijo hasta el final, nunca le hizo sentir que estaba en un campo de concentración, no le dejó ver su dolor. ¡Lo que hizo fue un gran acto de amor!, ya que le permitió tener esa imagen de su papá hasta el último momento, estuvo para él hasta que pudo, siguió representando su papel y jugando como había sido en vida. Alentándolo a ganar, su hijo sería el "campeón".

Al final, cuando el niño es rescatado, lo primero que piensa al ver el tanque es ¡que ha ganado el juego! ¡Gracias a lo que hizo su papá! Él había ganado el juego de la vida, había sobrevivido, aunque su papá ya no estaba. Así entonces, usando este ejemplo le mostraban a Alonso, que lo que sucediera en los siguientes días, dependería de lo que él hiciera, porque eso es lo que recordaría su familia para siempre, y sobre todo para cuidar al más pequeño de sus tres hijos.

Alonso y yo estábamos en lágrimas, sintiendo la presencia del Amor, de Dios, de manera impresionante, agradeciendo por la forma en la que era traído el mensaje. Después de hacer una pausa, él tuvo el valor de decirme:

—Tania, no me lo estás diciendo, pero a la vez sí ¿me voy a morir verdad? Y si no quieres o no puedes contestarme lo entiendo. Sólo que si se puede saber, prefiero confirmarlo

—me lo dijo con calma y ¡tan educado siempre, en todo momento!

—Alonso, esa es tu decisión, si quieres saberlo o escucharlo, yo te responderé.

—Sí quiero saberlo, por mi familia y por mí, es lo mejor.

—Sabían que dirías eso, por tu libre albedrío la respuesta te es revelada. La respuesta es sí, Alonso, desde un inicio en la meditación me dijeron que estaba aquí *para ayudarte a bien morir,* por eso me dieron esos puntos, para hacer tu repaso de vida y liberarte de cualquier peso que te quitará la paz, quieren que no te preocupes por nada, tu familia va a estar bien. Por eso he repasado cada punto contigo. Lo mejor es que sea muy sincera contigo. Así es, tienes el camino libre Alonso, Dios es contigo y con tu familia, nada les ha de faltar, y este último punto que te he canalizado, fue la manera más amorosa que eligieron para comunicarte como pueden ser tus "últimos" días con ellos.

También en uno de los puntos, familiares ya trascendidos le habían saludado y comunicado sus mensajes y ahora tenía la certeza de que pronto se reuniría con ellos. Ahora sabía todo. Alonso tuvo un sentido y pequeño llanto, porque lo que más le importaba era su familia, pero después de un momento, con voz baja pero que mostraba total confianza, me dijo:

—Estoy listo, cuando Dios quiera, no puedo ser más afortunado al estar escuchando todo esto con tiempo y de poder arreglar mi despedida con tanta paz. Sólo tengo una última pregunta...

—Sí, claro, dime todas las que necesites —le contesté.

—¿Me puedes decir cuánto tiempo tengo? ¿Cuánto tiempo tengo antes de morir?

—Sí, preguntaré Alonso y, si es conveniente, te será dicho —pregunté y la contestación fue—. No te preocupes, tendrás el tiempo exacto para lo que deseas hacer.

Ambas partes supieron a lo que se referían, y Alonso me dijo:

—Entiendo, muchas gracias, Tania.

Después de eso, La Voz me pidió hacer una meditación para un cierre con él, le ayudarían a "sanar" para bien morir. No siempre podremos "curar" el cuerpo, pero siempre podremos "sanar" antes de morir. Nos tomó una hora más, y eso fue lo último que me pidieron hacer, nos tomó en total, sí, adivinaste, las tres horas que tenía agendadas, tal cual, y lo menos que puedo decir es que fue algo bellísimo. Fue tan amoroso, se sentía de manera inminente la presencia de Dios y de todos sus ángeles.

Él debía de ser alguien que creía mucho en Dios para que pudieran ser tan claros con él y él respondiera además con tanta madurez, no cabe duda de que estaba listo para aceptar con todo el amor y la compasión que le dieron en ese momento. Realmente fue algo muy hermoso, me sentía completamente fuera del tiempo y cuando abrimos nuevamente los ojos, me sorprendí de lo que vi. Él ya no era el mismo, lo veía tan *iluminado*, Dios se notaba tanto en él. Sabía que era cuestión de días pero que él tendría el tiempo que necesitaba, ya se lo habían dicho, y él ya estaba en paz, se podía ver.

Al terminar, él me agradeció muchísimo, de verdad qué persona tan excelente, qué gusto haberte conocido Alonso. Maravillosa persona, tenía una presencia tan especial, fue tan responsable pensando en sus familiares en todo momento. Él también agradeció sentir la presencia de Dios, y en medio de ese mutuo agradecimiento, nos despedimos como grandes amigos. Sabíamos que sería la última vez que hablaríamos.

El 3 de septiembre siguiente, me dijeron que el doctor les había avisado que efectivamente el tratamiento no había funcionado y que al comentarle de nuevas opciones que podrían intentar, estando en la cama del hospital él sólo había sonreído, y mientras los demás querían decirle que se mantuviera fuerte en medio de su dolor, él les dio ánimos a sus familiares. Sonrió como si ya lo supiera (me dijo su hermano) y pidió ir a su casa. Él solo quería estar con su familia. Él finalmente trascendió el 7 de septiembre del 2021. Es decir, 18 días después de su Mensaje de Salida.

Ahora deja que te cuente lo que siguió después de esta canalización, mira qué grandioso lo que hizo en conciencia con esa información que tuvo, como él ya tenía ese *mensaje,* sabía lo que iba a suceder y por lo tanto tuvo tiempo de organizar su despedida, organizó una misa en vida con su familia, en donde pidió que estuvieran todos sus hermanos, ahí le hicieron la primera comunión a su hija, donde Alonso fue su padrino, él escogió las palabras que dijo el Padre en la misa y las lecturas, él sabía que esa era su misa de despedida, y la tuvo en vida.

El ver a tu familiar actuando de esa manera tan centrada, sensata, sin miedo, diciendo *La vida es bella* hasta el final, sin duda te dicta una manera de reaccionar también, ese ejemplo le dio a su esposa, a sus hijos, demás familiares y amigos. ¿Cómo lo viven sus familiares? En palabras de su hermano Rodrigo te comparto su reflexión:

"El haber tenido un hermano como Alonso, ha sido una de las mayores bendiciones que he tenido en esta vida, sin duda su partida me sigue doliendo mucho y sé que ese dolor siempre estará ahí, Alonso siempre fue un gran maestro en todo sentido, su madurez, su determinación y su serenidad para enfrentar siempre las cosas, con el único objetivo de siempre estar pensando en proteger a su familia y a sus amigos en todos los aspectos.

"Esto como familia nos ha dejado una gran enseñanza, y es que debemos disfrutar cada momento de la vida por simple que sea, a veces las cosas que parecen más insignificantes como salir a caminar, ver el sol y sentir el aire, son las que tenemos que hacer conciencia de disfrutar y agradecer cada instante en el cual estamos aquí.

"Mi hermano fue una persona sumamente agradecida y ecuánime toda su vida, y durante su última etapa de vida que fue tan dura y difícil, nos enseñó que no importando en la situación en la que estemos las cosas hay que enfrentarlas con valentía y determinación, y aprender a aceptarlas, porque nosotros no tenemos absolutamente ningún control sobre ciertas cosas, como en este caso, la muerte.

"Su partida me deja algo muy claro... no importa que practiques o no alguna religión, siento con toda seguridad que **existe un *más allá*, que es difícil de explicar pero que su presencia se siente de una manera diferente y con esto ahora sé que algún día volveré a estar con él.**

"En esta vida no sabemos cuánto tiempo nos toca estar, pero sin duda el "legado" que él nos ha dejado a mí, a mi familia y a muchísimas personas, es algo invaluable y que siempre estará ahí."

Muchas gracias por compartirnos ese mensaje tan lleno de amor, Rodrigo, algo es seguro, Alonso seguirá por siempre en nuestros corazones.

El tiempo acordado

Por último, esto no dejará de impresionarte, después de la misa de primera comunión que organizó para su hija, los invitó a su casa, y ¡lee esto, alcanzó a llegar su hermano desde Suiza!, alcanzó a verlo y *tres* horas después de la misa, ya habiéndose despedido de todos, Alonso falleció. Él trascendió rodeado de sus familiares, su esposa y sus bellos hijos. Como le habían asegurado, ¡tendría el tiempo exacto y justo! para todo lo que deseaba hacer. Con eso cumplieron con lo acordado y lo visitaron para abrazarlo por toda la eternidad. Ahora descansaba al fin.

¡Qué hermoso e impresionante!, mira cómo sí tuvo todo el tiempo que necesitaba para lo que planeaba, sí que preparó *La vida es bella* hasta el final, incluso, además de la misa de su hija, en la misa de su propio sepelio con el cuerpo presente, el Padre que ofició la misa, les comentó que Alonso le había preparado con antelación qué decir, Alonso había escogido las lecturas y le insistió que fuera una misa más alegre, ¿recuerdas? *La Vida es Bella* y así es como la dio.

Gracias Alonso, por darnos a todos este ejemplo de fortaleza interior, que dé consuelo a muchos y nos muestre otra forma de vivir nuestra transición. Fuiste responsable y amoroso con tus familiares y tus hijos hasta el último minuto, ¡cumpliste con darles el ejemplo de "una vida bella" hasta el último minuto!, y lo hiciste espectacularmente bien. Sigues tocando vidas hoy con tu ejemplo y dando esperanza a los que viven en agonía, esforzándose.

Ahora, y para los que hemos "perdido" a alguien, nos recuerdan que nunca hay *pérdida* ni azar en la muerte. Gracias

Alonso por haberte reunido conmigo, hoy puedo compartir este testimonio, esperando que tu ejemplo siga dando paz y nuevas ideas conscientes a muchos. Hazlo en vida, mantente ahí para tu familia y hazles saber que "la vida puede ser bella" hasta el final.

Si quieres recibir una imagen que te recuerde el poder de este mensaje como una *clariayuda* para ti, entra a www.taniakaram.com/salida

Tu legado también será la paz

Al reflexionar sobre el legado que dejaremos, encontramos consuelo en pensar que dejar paz también es un legado importante y amoroso. Los Mensajes de Salida de La Voz nos revelan el impacto que hemos tenido en la vida de los demás, las lecciones compartidas y las conexiones que hemos establecido. Comprendemos que nuestro legado espiritual trascenderá nuestra existencia física, brindando significado y paz tanto a nosotros como a quienes nos sobreviven.

Por otro lado, los *mensajes de salida*, se llaman así **porque nos dan opciones**, eso nos da *una salida* que muy seguramente no habíamos pensado ante nuestra propia muerte. La primera opción, sería sanar, la segunda, sin quererlo, morir; la "tercera opción" fue la que recibió Alonso, *trascender sanado*. La que nos traerá paz es la que nos da el mundo espiritual, y esa es la *verdadera* salida. Los mensajes del mundo espiritual siempre nos dan paz. Los *mensajes amorosos de salida*, se convierten en faros de luz que nos guían hacia el propósito final, para que suceda de la forma más amorosa.

A través de la clariconexión espiritual, podemos recibir estos mensajes y encontrar consuelo en momentos de temor e incertidumbre. Reconociendo que la muerte no es el fin, sino *una puerta* hacia una realidad amorosa que nos conoce muy bien, nos abrimos a una comprensión más profunda de nuestro ser. Así recibiremos ayuda para trascender nuestros miedos y encontrar una paz que va más allá de las palabras.

Deseo que esta historia te regale paz, al tener la certeza de que somos amados y guiados a lo largo de todo nuestro camino, tanto en vida como en la transición hacia la vida después de la muerte. Que abraces los mensajes amorosos de La Voz con gratitud y humildad, sabiendo que somos seres eternos y todos nuestros encuentros son sagrados. Como habrás visto, *nunca hay error en nuestros encuentros* y la trascendencia de nuestra muerte nos llevará hacia una luz radiante de amor infinito.

09

Mensaje Visión

"No es suficiente mirar;
se debe mirar con ojos que quieran ver."

—Johann Wolfgang von Goethe

Muchas veces tenemos una visión, un sueño, pero inmediatamente lo olvidamos o lo hacemos menos. Esas visiones o sueños pueden tener mucha información para que sanes, te dan ideas de cómo resolver un problema o la clave de lo que te ha estado limitando. A partir de que leas este capítulo, tal vez pondrás más atención a esos sueños y a esas visiones que también puedes tener en tus meditaciones, cuando te cuentan una historia de ti o de algo que puede pasar.

Mensaje Visión

Este mensaje lo que hace es *enchufarte* directamente a la fuente para que puedas *ver* lo que necesitas. La diferencia más contundente con este tipo de mensaje de clariconexión es la *cantidad de imágenes* que puedes ver. No es como el Mensaje Estrella Fugaz, que como su nombre lo indica es algo muy específico y breve. Aquí tú puedes ser el protagonista "en la pantalla" y con la "película" que te quieran mostrar porque a través de esas imágenes es la manera más sencilla para que comprendas el mensaje a entregar. A diferencia del Mensaje Estrella, donde la imagen dura sólo un momento, aquí sucede esa película, generalmente, dentro de una meditación.

Es como prender una pantalla de cine con definición ultra potente donde tú eres el protagonista, ¡¿Qué mejor manera de ayudarte para que veas de otra manera la situación?! ¿Cómo lo vas a entender si no ves aún lo que es real, lo que te llevó a conocer a esas personas, a relacionarte de esa manera o a ir a esos espacios? Esta es la manera para que, al ver más *claramente*, comience tu proceso de transformación, ya que las imágenes pueden darte los *insights* que necesitas para ver lo que te sanaría al verte a ti. Mira el ejemplo que te daré a continuación.

Canalización para alumnos del Programa Clarity®:

> ¿Cómo podría aquel pájaro de la madrugada que cree que es libre recibir un mensaje si cree que está suficientemente bien y volando alto? Él no puede ver su jaula, la recrea y vuela en ella todos los días, para él es su lugar seguro, conocido, no su cárcel, por eso le tienen que mostrar primero las paredes invisibles que lo aprisionan en una realidad imaginaria.

Por eso soy guiada a hacer esto con mis alumnos en mis cursos, yo expando mi energía sobre ellos. En realidad, lo que les digo sobre "compartirles mi aura" significa, dicho coloquialmente, que les comparto la capacidad de ver y sentir con "mi wifi", para que mis habilidades sean las suyas, les comparto mi internet para que descarguen en alta velocidad las imágenes que necesitan.

A mí me muestran *la visión* para hacerles evidente la realidad a ellos que todavía no alcanzan a ver. Esto sirve para que puedan salir de lo que conciben como su realidad por un momento para atravesar esas *paredes y techos de cristal invisibles* y extender su visión, a través de una meditación guiada. Ellos pueden ver ahí lo que no se alcanza a ver, reciben los mensajes y los símbolos que necesitan y que les repetirán al guiarlos cuando yo ya no esté, introducirán la guía en su realidad. Cuando les ayudo *a ver* a través de las meditaciones, éstas son guiadas en la mayoría de los casos por Jesús.

En tu caso lo podrás experimentar en tus meditaciones cuando hayas visto las imágenes que te ayuden a entender el mensaje que quieren comunicarte. Por cierto, y esto es muy importante, si estás leyendo este libro y en particular este capítulo, quiere decir que en tu visión para salir de *la alucinación*, (como ese pájaro que te mencioné que se estrelló con sus límites invisibles en los ventanales esa madrugada en el hotel), significa que estás siendo guiado por Jesús, te enteres o no, creas en él o no, no llegas aquí por casualidad, hubieras llegado con otra persona, con otro tipo de mensaje y hubieras elegido otra maestra, otra *conexión* pero de alguna manera tu *salida* de la *alucinación* te aseguro que está siendo guiada por el Gran Maestro. Y lo que te quiere ayudar *a ver* puede resultar impresionante, esto puede suceder durante una meditación. Te comparto este *mensaje de clariconexión* que te da Jesús con *su visión*:

"Los más avanzados en su deshacimiento del ego, no tendrán particular interés en mostrarse como los más avanzados, simplemente serán notados por su facilidad de guiar a otros y emanar esa vibración hacia otros, para que las otras personas puedan ver también. Es como lanzar una red de pescar y los que estén dentro de *la red* podrán ver con facilidad. Es decir, la vibración tan alta en la que están envueltos permite que los otros también puedan ver. El nivel de claridad tiene que ser alto para que esto suceda. Su vibración es un efecto que contagia a otros."

Ejemplo de un Mensaje Visión y sus consecuencias

Aquí te comparto la historia de un Mensaje Visión en palabras de Jorge, uno de mis queridos alumnos:

"Era el último día del programa Clarity, y Tania empezó a cerrar el evento haciendo algo que yo llamaría una meditación grupal guiada. Cerré mis ojos y empecé a concentrarme en mi respiración. Inhalar y exhalar. Una y otra vez. Luego, en un estado de relajación, empecé a escuchar las palabras de Tania y con los ojos cerrados, empecé a ver cosas.

"Primero vi una cueva. Una cueva oscura. Un recuerdo recurrente que tengo desde hace muchos años. Una cueva tan oscura que no podrías ver tus manos si las pones frente a tu nariz. El propósito de estar allí es pasar desapercibido, es esconderte. Pensaba: ¡Quédate quieto! Si te quedas quieto estarás a salvo de los cavernícolas que mataron a garrotazos a tu papá, mamá y al resto de la tribu, ahora te están buscando a ti. ¡No te muevas!, ¡no respires!, ¡no salgas!

"Una visión aterradora que se me había repetido incontables veces de forma inconsciente. Una visión que ahora lentamente se había hecho visible después de muchos años de trabajo personal. Esa visión estaba conmigo otra vez, sólo que ahora, lentamente, con miedo, empecé a moverme. Me moví por dentro de la cueva. Llegué a un lugar donde había agua. Era agua cristalina. En ese lugar había algo de luz.

"Me zambullí en el agua. Y estando en el agua, podía ver lo que había a mi alrededor. Había muchos peces. Peces de colores. Misteriosamente no necesitaba respirar. No sentía la falta de oxígeno en el agua. Había muchos peces a mi alrededor. De repente, vi una tortuga marina gigante en el agua. Era como si me estuviera esperando. Me acerqué y me subí a ella. La tortuga me lo permitió y después de eso empezó a nadar conmigo encima.

"Nadó y nadó y me llevo a otro lugar. Me bajé de la tortuga y salí del agua. Estaba en otra parte de la cueva. Estaba oscuro, pero esa parte de la cueva tenía algo que parecían unas gradas. Me acerqué a las gradas y cerca de ellas encontré una caja del tamaño de una hoja de oficina. La caja parecía ser de madera oscura con herrajes de cobre verdoso.

"Abrí la caja y encontré una llave. Tomé la llave y subí por 5 gradas que tenía enfrente. Crucé una entrada de la cueva y descubrí una laguna de aguas cristalinas verdosas. Más allá de la laguna estaba el mar. Al salir de la laguna encontré un hermoso caballo. Me acerqué al caballo y no podía creer lo que veía. El caballo era alado (quien lea esto va a pensar que estaba drogado, y no lo estaba). Me acerqué al caballo y se quedó quieto. Me dejó montarlo, y tranquilamente se movió y alzó vuelo. El caballo alado voló por encima del mar.

"En cualquier dirección que miraba sólo veía el extenso mar. El mar es inmenso. Así pasó un largo tiempo, hasta que empecé a ver a lo lejos una playa. El caballo alado me dejó allí. ¿Cuál fue mi interpretación del mensaje? Posiblemente, que ya es hora de sanar esa herida, salir de esa cueva y brillar. Llegar muy lejos. Llegar más allá de lo que te permite ver el horizonte. Y la diferencia que sentí, es que ahora estaba dispuesto. ¡Estaba listo!

"Cabe señalar que soy un hombre de ciencia, datos y pruebas. Hasta no ver no creer. Si yo no hubiese experimentado esto, no lo hubiese creído jamás y menos ver con tanto detalle."

Muchas gracias, Jorge A. por permitirme compartir tu ejemplo ¿Qué te parece eso para alguien que juraba que no veía nada en las meditaciones y que es un escéptico hombre de ciencia y datos?

¡Qué mensaje tan poderoso recibió!, pero sobre todo lo que sintió, sin saber sanó, y esto tuvo sus efectos, ahora aceptaba moverse y dejarse ver. Ahora sabía que podía hacerlo con seguridad. Al eliminar el miedo inconsciente en su mente, al muy poco tiempo, ¡estando en ese mismo curso de Clarity!, se reencontró con cierta persona, y al finalizar el programa ¡una nueva oportunidad de trabajo le fue ofrecida!, incrementó su sueldo considerablemente y se volvió un foco de atención central en la nueva empresa que lo contrató. Estaba siendo visto, estaba utilizando sus talentos que antes desconocía, mostraba cómo aterrizarlos y estaba brillando con toda su luz, con mayor libertad que nunca. Se estaba dando permiso de ser *el líder* de su propia vida.

Reflexión

Esta meditación nos ayudó a comprender con esta visión la desaparición de los límites. ¿Dónde los puedes ver? Dime, *¿dónde termina el cielo cuando ves que se une con el mar?* Y así lo muestra la meditación que nos comparte Jorge, mi alumno, ¡impresionante todo lo que pudo ver! ¡Así de sorprendente y claro es! ¿Dime dónde están los límites? ¿Dónde están las ventanas y los techos de cristal? Sólo están en tu mente, están en tus ideas equivocadas llenas de miedo y esa es la buena noticia, pues entonces *el poder de sanar y de ver más allá está en ti.*

Te dejarán símbolos en tu camino

El Mensaje Visión te dejará *con un símbolo* que puedas entender y retener, te dará en realidad varios, pero tal vez uno de esos símbolos sea el que se manifieste una y otra vez, el que más se te quede grabado, a ese hazle caso, hazlo realidad en tu vida, compra esa figura. En el caso de esa meditación grupal de Mensaje Visión fue una tortuga, sólo observa cómo llegará a ti el símbolo de una u otra forma y de manera repetitiva, tal vez aparecerá como sugerencia para tu protector de pantalla, te sale en una rifa, te topas con un árbol podado en la forma de una tortuga, te dan un regalo ¡y resulta ser una tortuga! ¡En fin!, se te manifestará repetidamente por todos lados para recordarte *la visión* y que recuerdes poner en acción las enseñanzas. Es otra manera de recordarte también que El Amor está contigo, que sigue cuidándote y recordándote la enseñanza que te entregaron.

Te podrán dar un símbolo para cada *etapa* de tu vida o para enfatizar algún mensaje. También puede darse un símbolo en grupo; cuando hago canalizaciones grupales noto cómo muchos alumnos reciben *un mensaje en donde se repite el símbolo que vieron*. Esto lo hace todavía más poderoso, al agregar una imagen que simbolice alguna enseñanza o un Mensaje Visión te ayuda a sintetizar la enseñanza y recordar la experiencia.

Significado de los símbolos

Jesús entregó en esta visión, para este grupo de mi programa Clarity, el símbolo de la tortuga, explicando:

"No tengas miedo de ir más rápido, lo que crees lento es relativo, porque la tortuga sólo es lenta cuando está afuera (fuera de su misión), en la tierra, pero si te atreves a entrar al mar, e ir a lo profundo, si te subes a la tortuga, mira que ágil es, cómo nada rápidamente. Esa idea es la creencia limitante, la creencia de que es difícil, esa lo hace lento, (pero Él nos guiaba para avanzar más rápido y sin miedo). Acepta ir más profundo, pasando de la tierra al mar, entra en la abundancia (el mar), aceptando ir encima de la tortuga (fe) y eso te hará ir mucho más rápido, irás a mi lado."

Si quieres recibir una imagen que te recuerde el poder de este mensaje como una *clariayuda* para ti, entra a www.taniakaram.com/vision

Conclusión:

"Si te adentras en tu misión de vida con fe, te darás cuenta de que te guiaré para remover cualquier idea equivocada y así te descubrirás en un mar de abundancia y posibilidades."

Jesús

Cada vez que te recuerden el símbolo de la tortuga te será útil recordar esto y, con ello, tu fe seguirá creciendo, porque cada vez que la veas, sabrás que te están dando un recordatorio amoroso y recordando el mensaje que trajo esa visión. Será más fácil recordarlo o traer de nuevo esa emoción a tu vida.

Otros ejemplos de símbolos

Dar un símbolo, une al grupo. Éste no sólo comprende las palabras o el "sentir" en la visión, sino que los une en una enseñanza con amor. Es como el símbolo que usaron los primeros cristianos, *el pez*, que *los unía* simbólicamente, como una forma de identificación secreta entre ellos en tiempos de persecución. En la época romana, los cristianos eran perseguidos y ejecutados por su fe, por lo que necesitaban formas de comunicarse de manera discreta. La palabra griega para pez es "ichthys", y se cree que los cristianos utilizaron esta palabra como acrónimo para expresar su fe:

"Iesous Christos Theou Yios Soter", que significa "Jesucristo, Hijo de Dios, Salvador".

El pez también tenía un significado especial para los primeros cristianos, ya que Jesús llamó a sus discípulos *pescadores* de hombres y realizó varios milagros relacionados con los peces, como la *multiplicación de los panes y los peces*, y la captura milagrosa de un gran número de *peces* después de una noche sin éxito en la pesca.

Aquí puedes ver tres ejemplos de cómo el símbolo del pez se repite, así es como te lo pueden entregar en tu meditación, para recordarte un mensaje muy importante que englobarás con ese símbolo gracias a tu Mensaje Visión. El símbolo del pez todavía se utiliza en la actualidad en el cristianismo como un recordatorio de la fe y la esperanza en Jesús.

La visión que te dará guía

La buena noticia es que, en toda limitación como en toda renovación ¡la respuesta siempre está en ti! Está en ti la posibilidad de ver, crecer y sanar. Qué alegría que no depende de nadie más; tu deseo de ver, crecer y sanar tiene mucho peso, lo podrás manifestar claramente cuando "por encima de todo quieras ver y verás". Tú estás en camino de crecer tus posibilidades, bendigo y honro contigo esta decisión, si eliges tomarla tendrás una *renovada* visión de lo que es más conveniente en tu camino.
Que así sea, así ya es.

¿Listo para seguir sorprendiéndote? ¡El siguiente paso requerirá abrir tu mente, sí, más, otro paso más y darte cuenta de que muy probablemente has entrado en comunicación con el mundo espiritual sin darte cuenta! ¡Ahora sabrás más!

10

Mensaje Médium

"La mediumnidad es un don divino que nos permite
ser canales de amor, sabiduría y guía espiritual."
—Deepak Chopra

Fíjate bien, los milagros suceden todos los días. Cambia tu
percepción de lo que es un milagro y los empezarás a notar, después no podrás dejar de verlos.

Tememos muchas cosas, simplemente porque no las
entendemos. El único problema que tenemos es que al no
comprender *lo que es real*, nos llenamos de ideas equivocadas y luego creemos que *eso* es la realidad. ¡Eso podría ser
el resumen de una vida entera! El Amor tampoco cambia su
realidad porque estés "vivo" o porque estés "muerto" ya que

eso sólo es un *cambio de forma, pero no de fondo, no de quien en realidad eres*. El Amor sigue viéndote de la misma forma y sigues siendo uno con él. Sigue el plan para despertarte de la ilusión.

Si quieres una receta para vivir en un estado de *feliz asombro,* intenta cada día juzgar menos y dejar que el Universo te sorprenda. Entre más juzguemos, nos quitamos la posibilidad de nuevos milagros, porque en el fondo tememos experimentar el amor en su máxima expresión.

Según el libro *Un curso de milagros*, un milagro "es una expresión de amor que ocurre cuando hay un cambio en la percepción." El libro describe los milagros como un cambio en la mente que nos permite ver más allá de las apariencias y experimentar la realidad espiritual.

En el contexto de *Un curso de milagros*, se considera que los milagros son intervenciones divinas que trascienden las leyes naturales y tienen como propósito despertar a las personas del sueño de la separación y recordarles su verdadera identidad como seres espirituales.

Se sostiene que los milagros son *actos de perdón*, donde el perdón se entiende como *la liberación de los juicios* y la aceptación amorosa de la realidad tal como es. Al practicar el perdón, se abren las puertas para permitir que la paz, el amor y la sanación fluyan a través de nosotros y hacia los demás.

En resumen, un milagro es un cambio *interno* que nos permite experimentar la presencia del amor y la unidad más allá de la ilusión de separación en la que vivimos. Siguiendo con este orden de ideas, la pregunta es ¿qué tan abierto estás a recibir esos milagros? ¿Hoy te parece un buen día para dejarte recibir?

> Los milagros suceden todos los días, cambia tu percepción de lo que es un milagro y los empezarás a notar, después no podrás dejar de verlos.

Los Mensajes Médium

Un Mensaje Médium es presenciar un acto de amor y de unidad más allá de la ilusión de la separación. Te aclaro algo, *el recibir un Mensaje Médium, no te hace ser médium.* Ya que puede ser que recibas, por ejemplo, en uno de tus sueños un mensaje de alguien que ya falleció, y eso no significa que los vas a empezar a recibir constantemente, o mientras camines por las calles y dárselos a personas que no conozcas. El contenido de ese sueño, de lo que te dice será el Mensaje Médium. El sueño se siente sumamente real y siempre tendrá un propósito, aunque no lo comprendas en el momento. Si te da miedo, la persona que quiere entrar en comunicación contigo tendrá que usar terceras personas en el sueño (o fuera de él) para que el mensaje pueda llegar a ti o te sea aclarado.

Habrá otras personas con menos miedo y sensibilidad alta, que, al estar con alguien, pueden sentir repentinamente la necesidad o urgencia de decir algo que casi le sale sin quererlo. Es El Amor el que te está impulsando a que lo digas, y te darás cuenta de que al dar paz, tuvo su origen desde el amor. Este mensaje puede ser acompañado con visiones, transmite ideas concretas, a veces sólo quieren saludar e indicar que se encuentran bien, en otras ocasiones ofrecer disculpas, pero la más común de todas, la que veo más que se repite una y otra vez es que quieren decirte que te aman. "Sólo dile que lo quiero, que lo amo" es el top número 1, sin duda, el que se lleva todos los premios. Quieren que sepas que están velando por ti, o simplemente que están muy orgullosos de ti.

En otras ocasiones quieren avisar o prepararte para algo que saben que tú vas a considerar como "doloroso" para ti o para alguien cercano, pero no es su deseo asustarte, sino *prepararte*. Si lo empiezas a aceptar en tu mente, en un futuro dolerá menos, porque una parte de tu mente dirá "lo sabía, eso me querían decir", es como si una parte de ti "lo viera venir" y hay una especie de pronta resignación que llega con haberlo sabido, como si nuestra mente lo aceptara más pronto, por haber sido dicho antes.

En conclusión, *El Amor* tomará la forma que tú aceptes para captar tu atención y así recibas el mensaje en tiempo. *El Amor* siempre va a adoptar la forma que permitas según tus creencias, para llegar a ti y hacer posible el milagro que más necesites. Si eres una persona sensible y abierta a estas ideas espirituales, entonces eres una persona que, sin duda alguna, puede recibir un Mensaje Médium.

Breve nota sobre la Ilusión de la separación

Para explicar más profundamente acerca de las increíbles experiencias del despertar en la forma de Mensajes Médium, me parece necesario y prudente para quien quiera *comprender,* que explique algunas ideas que resultarán claves para quitar cualquier vibración de miedo, juicios que estorben o simplemente porque si quieres crecer en comprensión, entre menor sea la cantidad de juicios, mayor será la claridad.

Me he dado cuenta de que muchas veces no se entiende exactamente qué significa pensar desde una *mentalidad de separación.* Me parece clave mencionar lo siguiente. Una primera idea de separación viene de pensar que tú solo eres tu cuerpo, entonces cuando muere el cuerpo, adiós, se llamaba, existía, se fue, fin de la obra. Entre más identificado estés con esta idea, más se refuerza *la ilusión de separación,* creando una sensación de individualidad y aislamiento. Todo se trata de ti y depende hasta que tu cuerpo pueda.

Esta ilusión obstaculiza nuestra capacidad para experimentar la interconexión de todos los seres y la unidad con la existencia. El despertar espiritual implica darse cuenta de que *los límites* del cuerpo son meramente superficiales y que nuestro *verdadero ser* está más allá de sólo una forma física. Al trascender la identificación con el cuerpo, podemos cultivar un sentido de unidad y experimentar la profunda interconexión con toda la vida.

Esto se da porque estás tan *identificado, o sea tu identidad entera empieza y acaba con ese cuerpo que responde a tu nombre, a una nacionalidad particular, si eres hombre o mujer, si eres hijo de quien...,* que hasta morimos por defender esa identidad cuando se ve juzgada o amenazada. *Estás condicionado* para verte así, pero hoy puedes ampliar esa realidad. Ese cuerpo que crees ocupar en este momento, que eres tú, te hace pensar que lo que tú y yo somos a un nivel espiritual puede ser separado. Pero, aunque creas equivocadamente, no significa que el Amor dejará de hacer sus milagros.

Tu idea del cuerpo ha funcionado, porque es el vehículo mientras estás jugando en esta experiencia terrenal, pero es sólo eso. Eres un ser espiritual soñando una experiencia terrenal. Aun así, sigues en perfecta unión con el Todo. ¿Crees que dejamos de *ser*, cuando nuestro *cuerpo* no está más? La física cuántica de nuestros días está comprobando apenas lo que por milenios ha dicho la espiritualidad.

El Poder Sanador de los Mensajes Medium

En este capítulo nos adentramos en la maravillosa posibilidad de conectar con nuestros seres queridos fallecidos que continúan existiendo en espíritu. Como canalizadora espiritual, he sido testigo del poder sanador de entregar Mensajes Médium para brindar consuelo, salud y paz a las personas que están abiertas a esa conexión. Nuestra mente todavía no comprende todo lo que es posible, porque como vimos, todavía confiamos demasiado en lo que sólo puedes ver con tus ojos, en que *somos un cuerpo solamente*, y por lo tanto, creemos que *estamos* donde nuestro cuerpo está. ¿Qué tal si todo fuera creado por tu mente? ¿y lo que es real en tu mente, se vuelve *tu* realidad?

Queremos decir adiós y eso sana

Ante una pérdida inesperada, podemos sentir que nuestros corazones se rompen en dolor y nos encontramos lidiando con una tristeza o una desesperación abrumadora. El dolor de decir adiós, especialmente sin tener la oportunidad de pronunciar esas últimas palabras o buscar un cierre que no sucedió al menos como quisiéramos, puede parecer insoportable en ocasiones. ¿Te ha pasado? o ¿conoces a alguien que le haya pasado? Es en estos momentos en que los Mensajes Médium también se convierten en una herramienta poderosa que nos guía a través del dolor del duelo hacia la sanación.

Los Mensajes Médium pueden ofrecerte una profunda visión de cómo perciben la vida después de la muerte nuestros seres queridos fallecidos. Estos mensajes nos dan claridad, y nos muestran que, incluso como seres espirituales, nuestras mentes siguen buscando la paz. A través de los *mensajes médium*, recibimos la tranquilidad de que nuestros seres queridos fallecidos han encontrado consuelo y están rodeados de amor más allá de nuestra imaginación. Comprender esto brinda alivio, sabiendo que el deseo de paz y amor de nuestros seres queridos fallecidos sigue resonando dentro de ellos. Como siempre lo he dicho, *el amor trasciende más allá de lo que llamamos muerte. Nada es más fuerte que el amor y seguimos unidos a través de ese lazo eterno con aquellos que amamos.*

Myriam y la prueba de comunicación que le dio su hermano

Ahora, permíteme compartir contigo una historia real, profundamente personal y extraordinaria que muestra el poder de los Mensajes Médium al brindar consuelo y tranquilidad. A finales de noviembre de 2021 fui invitada a un programa de televisión. Allí tuve la oportunidad de experimentar y entregar un Mensaje Medium.

Esta historia gira en torno a Myriam, una famosa y bella cantante que perdió trágicamente a su hermano en un accidente automovilístico de manera repentina. La angustia por la pérdida de este familiar aún acompañaba a Myriam y a su numerosa familia. Te cuento aquí lo que pasó.

Myriam y yo nos sentamos durante una transmisión en vivo en un programa de televisión, para hacer una Canalización de Ángeles. Estábamos allí sentadas, una frente a la otra y me *clariconecté* para entregarle un mensaje. La diferencia que puedes ver en este tipo de mensaje es que, en este caso, no sucedió en automático, sino que me puse a disposición para que sucediera, para recibir las sensaciones y visiones que me transmitía el mundo espiritual.

El mensaje comenzó en torno a su vida profesional y la importancia que tenía su voz para ella y su carrera. Querían transmitirle que era importante que continuara cantando y que siguiera usando su talento. Además de eso, le transmití que me decían que solía ser muy dura y exigente con ella misma, ya que ni los jurados más exigentes la evaluaron nunca de la forma en que ella se evaluaba a sí misma constantemente. Lo cual ella confesó que era verdad. (Hablando de jurados, yo no sabía en ese momento que había ganado el primer lugar en un programa de televisión en donde justamente era evaluada por un jurado en cada presentación.)

Después de eso, el mensaje tomó otra dirección, sentí como mi atención era llamada por un chico joven, muy educado que no quería interrumpir el mensaje de su hermana, ¡pero estaba muy emocionado! Además de que él mismo me estaba confirmando, "sí, mi hermana canta precioso y la amo". Era su hermano fallecido en un accidente. Él me pedía que le diera a Myriam un mensaje para ella y su familia, con una gran sonrisa me pedía que le dijera a ella y a la familia que los amaba mucho y que había dado muchas manifestaciones de esto. Lo cual Myriam confirmó, mencionando que era su "ángel" al que pedía antes de salir al escenario y cómo sí le había dado esas manifestaciones de su presencia.

Él continuó diciendo que había fallecido en un accidente y que dejó a su familia sumida en el enojo y la tristeza, lo cual le dolía, él me decía que no quería verlos así. El deseaba comunicar que las cosas que ocurren por voluntad de Dios son perfectas y que él se encontraba en total paz y felicidad. Myriam, con una evidente emoción, rompió en llanto al confirmar que se trataba de su hermano y compartió que el accidente automovilístico ocurrió cuando su hermano tenía sólo 21 años, lo cual los había dejado devastados.

Él dijo que veía que su mamá, principalmente, su papá y hermanos aún sufrían mucho por su partida y quería expresar que se encontraba bien y no deseaba que ellos siguieran sufriendo. Le pedía que le diera ese mensaje a su mamá, él de verdad quería verla bien y que dejara de sufrir. Ya era algo muy emocionante y remataría con algo más, igual de impresionante y específico.

Me tocó revelar varias cosas más sobre la familia de Myriam, que no había forma alguna que yo supiera, era algo muy personal y familiar. Después, mientras Myriam hablaba, su hermano me continuó diciendo que su muerte no fue por accidente, su muerte tuvo un propósito, que su familia permaneciera unida, insistía que no quería ver a su madre sufrir. Así que ideó una forma de darles una prueba, mientras ella continuaba hablando, él me decía que me iba a mostrar algo y que se lo dijera a su hermana por favor.

Su hermano me mostró un objeto que colgaba de su mano, quería que se lo mencionara a Myriam, ella entendería. Así que le describí el objeto, le mencioné que era una cadenita con una cruz dorada. Por alguna razón era importante que la mencionara… ¡eso inmediatamente impactó a Myriam!, quien rompió en llanto de manera impresionante, me imagino que no lo podía creer y al mismo tiempo se notaba feliz y conmovida.

Esa cadena con la cruz dorada que me mostraba, según lo que me explicó Myriam, era lo único que había quedado y que les habían entregado de sus pertenencias el día del accidente. Incluso me comentó, fuera del aire, que la cadenita se la había quedado una tía y que ahora le preguntaría por ella. Ese dato había sido muy importante para Myriam ¡¿qué mayor confirmación podía darle que esa?! ¿De qué forma podría yo haberme enterado de ese objeto tan representativo?

Myriam envió un mensaje a su hermano a través de mí y su hermano se despidió de ellos, diciendo que por siempre los cuidaría. ¡Realmente conmovedor ver toda esa demostración de amor! Espero que a ti también te alimente y abra tu mente a nuevas posibilidades, siempre estamos a una oración a un silencio de que suceda el milagro que más necesitamos.

Este Mensaje Médium tuvo un propósito, este propósito fue ayudar a sanar a Myriam y a su familia a través de esta comunicación. Esta experiencia poderosa no sólo brindó consuelo y alivio a Myriam y su familia, sino que también ejemplifica cómo los Mensajes Medium pueden servir como un medio para que nuestros seres queridos fallecidos nos hagan saber que están bien y que aún nos aman profundamente. Incluso en su ausencia física, su presencia perdura para siempre en nuestros corazones.

La historia que te cuento aquí fue televisada y sucedió totalmente en vivo. Si quieres verla y escucharla puedes hacerlo entrando a mi canal de Youtube @taniakaram o bien, si quieres recibir una imagen que te recuerde el poder de este mensaje como una clariayuda para ti, entra a www.taniakaram.com/mensajemedium

La paz siempre es una posibilidad más allá de la muerte

En momentos de duda y dolor, los Mensajes Medium nos brindan consuelo y reafirman nuestra fe en el plan divino. Nos ayudan a liberar las cargas de culpa, arrepentimiento y conversaciones inacabadas. Al abrazar estos mensajes con gratitud, nuestras almas encuentran consuelo, sanación y la fuerza para seguir adelante en nuestro camino.

Te invito a abrazar los Mensajes Médium con un corazón lleno de gratitud. Permítete estar receptivo a los mensajes y signos de tus seres queridos fallecidos. Recuerda que, así como deseamos paz y amor al abandonar este mundo físico, nuestros seres queridos fallecidos buscan paz y amor en los reinos del espíritu. A través de los Mensajes Médium podemos nutrir esa conexión y encontrar paz en nuestros corazones.

La historia real de Myriam M. y su hermano fallecido es un testimonio de las increíbles posibilidades que ofrece esta herramienta. Demuestra cómo los lazos de amor pueden trascender la muerte y cómo, a través de los Mensajes Médium, podemos recibir la información y signos esenciales aun de aquellos que ya "han partido".

A medida que continuamos este viaje, pido por ti y porque recibas muchas muestras de amor, de la manera que tú las necesites y aceptes. Juntos seguiremos explorando más historias inspiradoras que te hagan llenarte de alegría, de asombro y te ayuden a ver el poder que los mensajes del mundo espiritual pueden tener en tu vida.

Que estas historias iluminen tu camino, te brinden consuelo, amor y una profunda sensación de paz. Hoy estas historias nos recuerdan que incluso más allá de la muerte, buscamos la paz y el amor que nos mantienen conectados. Sigamos juntos con corazones abiertos y un sentido de gratitud por los mensajes.

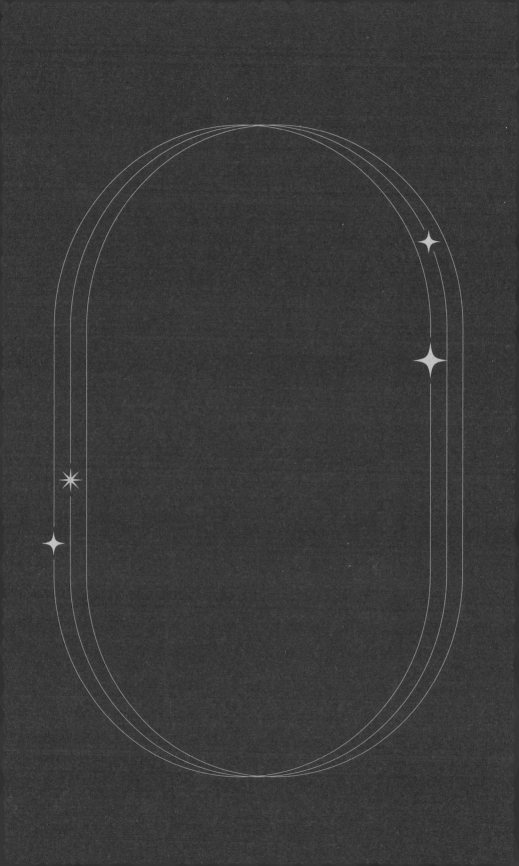

11

Mensajes del Despertar

"El despertar espiritual es como abrir los ojos
después de un largo sueño, dándonos cuenta de que hay
mucho más en la vida de lo que habíamos imaginado."
—Eckhart Tolle

El despertar espiritual es el proceso de recordar quién eres más allá de las creencias, limitaciones y la identidad que has creado.

El despertar espiritual es un *proceso* de transformación interna que nos lleva a una mayor conexión con nuestra verdadera esencia y con sentirnos parte del Todo. El viaje del despertar te llevará a sentirte parte de la Unidad. Ya no habrá desconexión, ni insistirás en ver como real lo que es alucinación. Es un camino que nos lleva a descubrir nuestra razón de ser y a encontrar nuestro propósito de vida. Los mensajes que recibimos durante este proceso tienen un *objetivo* claro: guiarnos en nuestro camino hacia la iluminación y la paz interior.

Los Mensajes del Despertar. Es más probable que ocurran durante una meditación, por varias razones: primero porque es un espacio que has designado para estar contigo, agrego, para estar contigo y en silencio. Además, si te sentaste con una intención y te encuentras dedicado a recibir, puedes alcanzar un momento en el que estés más centrado y conectado con tu dosis de buena voluntad para ver más allá de lo "normal". Eso será indispensable para que puedas recibir estos mensajes.

Ahora, lo que hace la gran diferencia, es que en esta meditación puedes recibir *todos* los mensajes que te expliqué en los capítulos anteriores, en un espacio de tiempo medianamente breve. Otra característica es que puede ser una meditación *personal* o incluso *grupal*, lo que marca la diferencia es el nivel de vibración tan alto requerido para que esto ocurra. Al ser una meditación donde se pueden recibir *todos* los tipos de mensajes espirituales que te he explicado hasta el momento y los que faltan, lo hace ¡*una oportunidad realmente única*! Ya que puedes tener muchísima información.

Características de la persona que puede dar un Mensaje del Despertar

Idealmente quien dirija la meditación ha de estar en un nivel de conciencia alto o sumamente conectado con el amor, o ambos. Cuando sucede que tiene un nivel de conciencia alto y es amoroso en su esencia (o sea no forzándolo y tampoco sólo a nivel intelectual), cuando ya suceden ambas cualidades tendrás frente a ti a un **líder clariconectado**. (Todo va haciendo más sentido y comprendes mejor.) Su energía te dice mucho. En la medida en que se encuentre en un nivel de conciencia alto o en un nivel de conexión amoroso, o ambos, notarás *la profundidad* de sus mensajes, de la meditación y de lo que se transmite. Y de lo que se entrega ahí, la persona será un mejor "recipiente" o canalizador.

La persona que guíe esta meditación es importante que pueda manejar mucha energía. ¿Por qué mucha energía? Porque necesita tener la capacidad de:

• Saber dirigir.
• Tener un alto nivel de sensibilidad.
• Manejar muchas imágenes al mismo tiempo.
• Manejar muchas variables al mismo tiempo.
• Tener un nivel de comunicación alto.
• Comprensión de pensamiento y lenguaje simbólico.
• Compartir un nivel de juicio bajo.
• Humildad.
• Compartir un nivel de empatía alto.
• Conexión con su intuición.
• Compartir un nivel de conciencia alto.
• Vibración de amor.

Serían las más importantes características y entre más pulidas estén, claro que el resultado será extraordinario. Para que quede muy claro, en esta meditación guiada vas a recibir muchos *mensajes. A esta particular meditación (o trance) se le llama: mensajes para tu despertar.* A través de ella escucharás algo que resonará contigo, sentirás incluso hasta las lágrimas, puedes ver imágenes, recibir símbolos, puedes ver por momentos parte de tu futuro, puedes ver personas que ya fallecieron y te acompañan. El punto es que cabe la posibilidad de recibir múltiples mensajes como un "combo".

Otra característica es que tanto la persona que guía como los que reciben salen del tiempo, el tiempo "se alarga" como chicle. No sabrán cuánto duró, porque en realidad siempre es más de lo que se imaginan. El tiempo se les habrá pasado muy rápido, pero en realidad pasaron más tiempo del que creen en meditación. Generalmente cuando lo llego a hacer, les resulta increíble cuando ven el reloj y ven que sí pueden *meditar* mucho más tiempo del que creen. Esto sucede porque en realidad *no están meditando, están saliendo del tiempo.* Cuando lo experimentes me entenderás, si es que te causa duda, piensa que es un nivel muy alto de meditación.

He notado que esto sucede cuando estoy con audiencias donde he estado enseñando por un tiempo y su frecuencia vibratoria ha subido considerablemente. Ya no están en el estado de conciencia en que los encontré. No olvides que también es muy importante que las personas lo deseen, te explico más a continuación.

Las características de la persona o audiencia que puede recibir un mensaje del despertar

Entre mayor sea el número de características que reúna la persona o audiencia, el mensaje del despertar será más completo y significativo.

- Estar dispuesto a recibir un mensaje.
- Estar emocionalmente disponible.
- Estar dispuesto a dejarse guiar.
- Mostrar capacidad de concentrarse.
- No quedarse dormido.
- Nivel de juicio bajo.
- Tener la humildad de poner su *dosis de buena voluntad*.
- Nivel de empatía alto.
- Permitirse sentir.

A través del despertar espiritual aprendemos a vivir en el momento presente, a soltar el pasado y a no preocuparnos por el futuro. Nos enseña a vivir en un estado de gratitud, amor y compasión, y a confiar en Dios y en nuestra propia sabiduría interna.

En nuestra vida diaria, podemos practicar la meditación, la oración, la escritura, la lectura de libros inspiradores y la práctica de la gratitud para conectarnos con nuestra espiritualidad y subir nuestra disponibilidad para recibir más mensajes. Es importante tener en cuenta que el despertar espiritual es un proceso individual y cada persona lo experimenta de manera única. Un poco más adelante compartiré un ejemplo de una canalización guiada en uno de mis cursos.

Repasa y recuerda el objetivo del Mensaje del Despertar, que es ayudarte en tu despertar de manera contundente, eliminar creencias limitantes, techos de cristal que hiciste y que te impiden despertar todo tu potencial. Aquí sucede una combinación de mensajes. Estos pueden ser mezclados con Mensajes Visión, Mensajes Estrella, pueden incluir Mensajes fuera del Tiempo, Mensajes Semilla, puedes recibir

Mensajes de Salida para ti o para alguien y a diferencia de lo que crees, todo sucede de manera ordenada, *el orden* en el que recibas tendrá un propósito.

El deseo que se vuelve consenso

Esto es poco común. Cuando se ha logrado elevar la frecuencia vibratoria en la persona o la audiencia, existe en general *el consenso* a ver, escuchar y sentir. La energía del grupo lo hace aún más potente, es la ayuda para despertar ya que cuando los intereses de tu hermano son los tuyos, entonces son uno mismo, y eso tiene gran poder. Esto verdaderamente lo catapulta.

Si unes todos los tipos de mensajes espirituales, puedes recibir un Mensaje del Despertar, así ¿a qué es más importante que le pongas atención? La respuesta es: cada quién pondrá atención donde le sirva más. Y eso lo sabrás *porque es lo que más recordarás de tu meditación*. Desde sanar bloqueos de vidas, lo que hayas descubierto, así como contratos del alma. Al liberar toda esa energía y traerle comprensión, la abundancia llega de maneras inesperadas a tu vida, como una validación de lo que has liberado. El comprender estos mensajes y actuar respecto a las tareas que te dejan, ¡es de lo más liberador!

Ejemplo: La gran meditación del despertar

En la meditación que hice para guiarlos en el programa *Clarity*, primero permití que llegara un Mensaje Semilla para el grupo, en él se mencionaba la importancia de sanar la energía masculina. Más adelante, para que cada quién tuviera más información, guie una meditación con el propósito de que tuvieran *mensajes para su despertar*, es decir, aquí ya hubo una mezcla de mensajes donde podían llegar imágenes, visiones de vidas pasadas. Les entregaron símbolos (una tortuga), mensajes que ayudaban a ver contratos de vidas con ancestros (mensajes Fuera del Tiempo), les mostraron lugares donde estarían en el futuro, como sucede con los Mensajes Estrella Fugaz, todo combinado. En una sola meditación salieron fuera del Tiempo para romper límites, donde pudo aparecer su gran Maestro (en mi caso Jesús) o Maestra, que les guio. Todo terminó con una instrucción final, en mi caso (que entenderás con los mensajes Semilla y Enredadera) tuvieron muy clara la instrucción final, ahora sí con una claridad de cuándo y para qué. Todos esos mensajes juntos, toda esa *cantidad de mensajes* que tenían en su interior les dio un **gran mensaje para despertar**. Y además más información de lo que hay que perdonar y realizar.

En una hora teníamos mucha información, diferente vibración y una sensación de amor inexplicable. Además, si era su momento, tuvieron muy claro qué es prioridad, qué hacer y qué no hacer y para cuándo. El gran propósito de esos Mensajes del Despertar fue que pudieran ver, sentir y comprender para perdonar y avanzar.

Recuerda, aunque parece mucho, y lo es, de toda la información vista y recibida debes quedarte con la más marcada en particular, a ésta hay que hacerle caso primero. ¿No es emocionante? Si no lo has experimentado, el simple hecho de leerlo incrementará la posibilidad de que suceda.

> Acepto recibir un mensaje para mi despertar.
> Acepto que puede suceder fácilmente.
> Abro mi corazón al amor de Dios que me sabe
> cuidar, pido que sea para mi mayor beneficio y el de
> todos los que me rodean,
> Así sea, así ya es.

> Si quieres recibir una imagen que te recuerde el
> poder de este mensaje como una *clariayuda* para ti,
> teclea: www.taniakaram.com/despertar

¡Bendecido sea tu despertar! Qué emoción. A continuación iremos a la gran y *necesaria* explicación del siguiente mensaje, la pieza que falta en tu proceso del despertar para que dejes de *chocar como aquel pajarito contra paredes y techos invisibles.* ¿Alguna vez te has preguntado por qué no entiendes los mensajes del mundo espiritual? ¿Te han parecido confusos alguna vez? ¿Quieres que te quede muy claro qué está sucediendo y cómo diferenciarlo de tu ego?

Ya estás a un paso, y te aseguro que después de que leas lo que viene *ya no podrás volver a sentirte confundido sin saber qué pasa.* De manera literal te digo que esto será un parteaguas. Ya no habrá retrocesos en tus pasos, pues ahora ya conocerás lo suficiente para ir al siguiente nivel de claridad. Ya has subido a la parte alta de la montaña, te pregunto, ¿deseas tocar cumbre? La oportunidad se extiende hoy frente a ti, ¿estás dispuesto a querer ver como nunca? Esto es para ti, toquemos la cumbre juntos, te acompaño, ten paciencia, no se toca cumbre en un día, uno se prepara y luego sueña con ese momento. ¡Vamos, ya es hora!

12

Mensaje Semilla

"Jesús: Porque de cierto os digo que si tenéis fe como un grano de mostaza, diréis a este monte: 'Pásate de aquí allá', y se pasará; y nada os será imposible."

— (Mateo 17:20, Marcos 11:23)

El Mensaje que echa raíz y luego te eleva

El mundialmente conocido libro *Moby Dick* de Herman Melville comienza con esta famosa frase: "Llámame Ismael", lo interesante de que comience así, es que sabes que el autor no se llama así, debe de haber alguna razón entonces por la cual te lo pide. Según la historia bíblica, Ismael es marginado y desterrado al desierto con su madre Agar, esclava de Sara, en Egipto. Después de ser expulsados, Agar e Ismael se encuentran en una situación desesperada en el desierto, sin recursos y sin un lugar establecido, pero se salvan de morir en el desierto al ser ayudados por un ángel que les indica dónde encontrar un pozo de agua.

Si te das cuenta, aunque no conozcas nada de ese nombre, o de la simbología bíblica cargada en el libro, *si pones atención*, desde el inicio deja una semilla de curiosidad en ti, ya que de nuevo la pregunta es ¿por qué me pide llamarlo Ismael si no es el nombre del autor?, no necesitas saber esa información cuando comienzas a leer el libro, ni para leerlo por completo, pero ya ha generado algo muy importante, *curiosidad*. Y esa semillita de la curiosidad, aunque parezca algo chiquito, es justo en lo que necesito que te enfoques a continuación.

Tener suficiente *curiosidad*, puede ser la *semilla* que necesitas para recibir el mensaje o la guía para descubrir algo maravilloso. Mantén eso bien presente y por nada del mundo vayas a dejar de leer esta historia de mi vida personal que te contaré, aunque significa resumir dos años de mi vida, lee hasta el final. Podrías encontrar el pozo de agua que necesitas. Voy a contarte cómo se cruza "ese desierto" del que toma tiempo salir, y cómo uno en vez de querer correr, se asienta ahí con paciencia, fuerza interior y confianza para descubrir, no sólo un poco de agua, sino el pozo entero.

Así que en este capítulo voy a explicarte el siguiente tipo de mensaje que puede usar el mundo espiritual para comunicarse contigo. En el capítulo cuatro hablamos del Mensaje Flash, para que recuerdes te refresco un poquito, cuando te lo entregan es muy importante actuar rápido, no dudar, aceptarlo pronto y actuar en consecuencia, eso beneficia muchísimo para que obtengas el resultado más abundante lo más pronto posible o la oportunidad puede desvanecerse pronto, en otras palabras, la dejas pasar. Ese mensaje es justo para ese momento y si no haces caso, se irá la oportunidad.

Ahora, el siguiente tipo de mensaje al clariconectarte que te explicaré, es muy diferente, prácticamente lo contrario. Porque el mundo espiritual tiene otro *propósito* al entregar este tipo de mensaje. Aclaro, todos te traerán abundancia, sólo que de distintas maneras y a distintas velocidades. En este caso, cuando recibes el mensaje, la enseñanza y las bendiciones que encierra *no* se revelarán de inmediato aquí; con la información que recibas podrás actuar *por pasos*, un paso a la vez, y no verás los resultados más extraordinarios inmediatamente, tomará tiempo ver todos sus beneficios, aunque actúes de inmediato. ¿Listo para saber más de este nuevo tipo de mensaje? Hagamos sonar las trompetas, este nuevo tipo de mensaje se llama: Mensaje Semilla.

¿Cómo comienza? Crece hacia abajo

Este tipo de mensaje va creciendo, tal como una pequeña semilla. A ver, lo primero que hace una semilla es crecer *hacia abajo*, no hacia arriba, echa sus raíces donde nadie puede ver, *no se nota*, pero algo está sucediendo. Antes de que puedas ver el árbol y sus frutos tienes que *permitir* que crezca la raíz, y entre más largas y fuertes sean las raíces, más larga será su vida. Por eso mismo cuando creas que estás ante una pista, guía o una intuición, es bueno tener paciencia y estar atento a observar porque en el inter sucederán situaciones para que *valides* si es realmente un mensaje o no, y al ir teniendo una suma de certezas y validaciones, te dará la confianza también para saber discernir. Cuando alguien sabe comprender mejor la información, toma mejores decisiones que le ayudan a sentirse con un mayor poder interior.

Cuando la semilla esté más *madura* y hayan crecido lo suficiente sus raíces, se podrán manifestar en la superficie los resultados. Para que esa semilla crezca hacia arriba, sea vista, acepte ser la flor que después pueda dar frutos, necesita tener la suficiente *madurez*, entonces ya no cuestionará si puede o no, sino que será una consecuencia natural y saldrá al mundo de manera triunfal. Todo el crecimiento habrá sido orgánico, natural, no podía verse antes el resultado, el tiempo no se puede forzar, de nada sirve que la semilla se estrese e insista en ser lo que hoy no es, está bien aceptar que hoy es semilla, pero entre mayor sea la *conciencia*, será esa semilla que tiene certeza del árbol, se sabe abundante y fértil. Sabes que ya existe ese árbol en ti.

Por eso comencemos con esta espectacular historia de la vida real que me sucedió, que hoy en día me sigue dando frutos. Comienzo con el momento justo de la entrega de la semilla. Sé paciente, no te podré contar todos los frutos que me ha dado este primer mensaje, no alcanzará el tiempo en este libro, y además porque todavía no termina de dar todos sus frutos, no terminan de suceder incluso, es decir, todavía no los veo todos, pero sé que están ahí esperando, "colgando en lo alto" y creciendo hasta que madure lo suficiente, me encuentre con ello y las demás personas también estén listas para mí.

El *Objetivo de estos mensajes es que desarrolles la paciencia y la confianza necesaria que requiere todo buen líder o maestro.*

Al comienzo la semilla es entregada

¡Así que aquí vamos! Esta poderosa historia comienza con un viaje a Coatzacoalcos, Veracruz, en México, en julio de 2021. Mi padre tiene parte de sus oficinas allá e hicimos un viaje familiar para que él arreglara ciertos asuntos y nos compartiera los grandes avances que había tenido. Fuimos mi madre, dos tías, hermanas de mi papá, mi pareja y yo. Después de ir a las oficinas y a comer, regresamos al hotel, uno muy conocido allá, el hotel Terranova, el cual tiene su lobby y un espacio de mesas de espera al entrar, ahí tienen unos ventanales que dan al área de la alberca y en esta zona están los jardines que colindan con una bella laguna.

Fue un día para recordar, me dio mucho gusto y estoy segura que a toda la familia también, ya que fue muy especial ver a mi padre cumpliendo sus sueños. Sus hermanas tuvieron la oportunidad de viajar desde otra ciudad para sentirse orgullosas por él. Regresamos al hotel y desde la ventana de mi cuarto, me impresionó ver la cantidad de iguanas ahí estacionadas afuera, ¡nunca había visto tantas iguanas juntas! Te comparto el significado espiritual de las iguanas; para cuando sea repetitivo el que te las topes, considera esto:

> Ve lento, observa,
> detente a observar sigilosamente
> y luego ¡irás rápido! no temas,
> pero hoy no te muevas sin estar seguro
> a qué dirección ir primero,
> eso puede hacer la gran diferencia de a dónde ir,
> a dónde dirigir tu energía
> y los resultados que te dará.

Como ves, esto te invita a *observar, esperar* sigilosamente y luego a actuar, no es como sucede con un Mensaje Flash. ¡Donde ahí es importante actuar de inmediato casi sin pensar! Ya que incluso tu vida puede depender de ello. Así que te recomiendo poner atención a las señales repetitivas y con el tiempo aprendas a conectar los puntos. Verdaderamente llamó mi atención la cantidad de iguanas, había por cualquier lado que voltearas, todo un jardín entero. Con ese mensaje, nos fuimos a dormir, sin saber ni esperar que un Mensaje Semilla muy importante venía.

Sorpresivamente a las 4:44 de la mañana me despertó La Voz, que me dijo:

> "Levántate y escribe."

Estoy segura de que el mundo espiritual puede influenciar nuestras fuerzas y emociones, no lo digo sólo por esta ocasión, sino por múltiples veces que me ha sucedido a lo largo de mi vida. Al escuchar La Voz, debo decirte que me sentía completamente lúcida y con mucha energía, de manera impresionante, es como si se me hubiera cortado el sueño de inmediato. La voz fue clara y contundente. Esas son dos características que constantemente he notado al recibir sus mensajes.

Es como si me empujaran de la cama, sentía una lucidez realmente extraordinaria, fuera de lo común. Al levantarme, las indicaciones siguieron, no debía de sentarme a escribir en el cuarto, necesitaba estar sola, y me tomaría tiempo escribir.

"Toma tu cuaderno y sal" fue la instrucción que recibí.

Al recibir esa indicación tan clara, hice lo que La Voz me pedía, me cambié de ropas, tomé mi cuaderno y bajé en total silencio a las salas de los ventanales que están en la entrada del hotel, no había nadie en el lobby, por supuesto. Qué magia sentir en ese silencio, podía sentir la presencia de lo divino conmigo, acompañándome, guiándome sin prisa. Ese silencio en el que se siente La Vida y llena todo el espacio. Al sentarme, en los cuadernos que llevaba empecé a escribir en dictado automático, sucedió de inmediato, no había nada que pensar, La Voz continuó sin detenerse, ni esperar.

Comenzó diciendo:

"Esto es el principio de Clarity, un programa que darás y que posteriormente se convertirá en mucho más, será la actividad con la que ayudarás a sanar.

Hoy esto es lo que necesitas saber:

La CLARIDAD cura. La confusión enferma. Una vez que las cosas se aclaren, la chispa de la alegría y la salud regresa. Estamos aquí para ayudarlos a aclararse. A medida que la medicina sea entregada, se notará mayor claridad.

Notarás la emoción que llega junto a la claridad. La gente sonreirá y será más feliz a medida que se vaya aclarando, es como pasar de muertos a vivos, realmente vivos. Una mente clara es una mente despierta y sólo una mente despierta puede ver las oportunidades. Son como las montañas, se ven claramente o no se ven, aunque estén erguidas grandes frente a ti, si no estás despierto serán como las respuestas que no ves."

Sorpresivamente mientras escribía, un pájaro llegó y se estampó en uno de los cristales de las ventanas, en donde estaba sentada, parecía un poco como un invernadero, pero el pájaro no se daba cuenta que estaba encerrado y seguía gastando su energía en chocar contra los cristales. La Voz siguió:

"Esto forma parte del plan, no creas que ha chocado por coincidencia, esto es justamente lo que sucede con ustedes. Creen que son libres, pero no ven siquiera las ventanas invisibles que los limitan. Tienen alas, pero como no ven que viven en esta jaula, creen que son libres sin darse cuenta de que, por más que vuelen, tengan iniciativa y hagan cosas, siguen estando dentro de una gran alucinación."

Escribí cerca de tres horas, me dieron detalles de lo que debía de entregar en el programa para ayudar a crear *líderes de su propia vida*, conectados con su Misión de Vida sin esas emociones tristes o de cansancio como las del pajarito. Me hablaron de la visión a futuro y de lo que podría hacer para ayudar más, y de qué causaba el dolor. Hasta que a la distancia, enfrente de mí, vi bajar a mi papá las escaleras, era una imagen que me dio escalofríos, sin entender por qué, al mismo tiempo me llenó de alegría saber que era él, el elegido para ser la primera persona en acompañarme en este silencio y ¿por qué sería mi padre?

Se quedó en silencio junto a mí y seguí escribiendo cerca de una hora más, después le empecé a contar los mensajes que había escrito y lo que había pasado, lo cual me ayudó incluso a entenderlo mejor. Este mensaje sin embargo se quedaría echando raíces como *una semilla*, ya que sólo me comunicaron una idea, ¡pero no te puedes imaginar *el potencial, la energía y el resultado que eso tendría en un futuro*!

Tiene que pasar tiempo para que lo comprendas, recuerda, para que ese árbol empiece a crecer en ti y para que veas los resultados. Cuando terminé de escribir, de entrada, lo que supe es que me dio mucha paz recibirlo. No tenía más instrucciones a seguir, ¡no sabía de hecho si habría un mensaje después! o si sólo sería eso. Por lo pronto me quedé con esa paz y la claridad interior que me dieron.

Antes de que te puedan dar la siguiente parte del mensaje, ¿qué quedamos que tiene que pasar?: Todo alrededor, las condiciones necesitan ser las adecuadas, antes de que veas la siguiente hoja del gran árbol crecer. Y así será. Hay varias situaciones muy importantes a considerar en la historia que te acabo de contar, lo podrás ver ahora que te lo explique. Una de las "sacudidas de tierra y heladas" más fuertes estaban por venir para esa semillita antes de continuar. Lo que siguió nadie lo vio venir.

Si quieres recibir una imagen que te recuerde el poder de este mensaje como una *clariayuda* para ti, teclea: www.taniakaram.com/semilla

> ¿Qué es lo que empujará tu crecimiento
> antes de que el siguiente mensaje
> pueda ser entregado?

El desapego necesario

La respuesta a ¿qué necesitas desapegarte? dependerá de cada uno, pero el común denominador es que sucederá *aquello que te ayudará a madurar más*. La decisión o el suceso tendrá que ver con hacer un acto de desapego *necesario*, es dar un paso importante, casi como pasar de la infancia a su reciente adultez, como un símbolo que forzará a la semilla a romper el cascarón y hacer ese gran esfuerzo de crecer más allá de sus fronteras personales que tiene hasta ese momento.

El primer mensaje de esta historia que te conté fue entregado en julio de 2021, y después de eso me dieron tiempo para disfrutar "de la infancia de esa semilla", para después dedicar tiempo a madurar, ya que recuerda que todos los involucrados tenemos que estar listos, y fue hasta el 14 de febrero de 2022 en que se repetiría que todos los involucrados estuviéramos juntos de nuevo, y seríamos invitados a crecer en conciencia, con mis dos tías, las que habían estado ese día y nosotros, sintiéndonos orgullosos de mi padre. Así es la vida... nada es permanente y aferrarnos a no querer cambios, sólo nos desgasta más.

¿A qué viniste a nuestras vidas?

En la historia, ahora nos pasamos a casa de mis tías en otro Estado del país, en lo que parecía una noche cualquiera, tranquila como lo habían sido por muchos años de habitar ahí mi familia, pero ese día fue diferente, un hombre entró y no a robar. Se dirigió a oscuras al cuarto de mi tía. Y sin que vaya a dar grandes detalles, resumo que este hombre entró a su cuarto y se encerró ahí a golpearla, ella intentó defenderse, hasta que ya no fue posible. El hombre le había dado un golpe tras otro, hasta llegar al golpe mortal que acabaría con su vida. Era un feminicida. (Aclaro que lo quiero dejar asentado así, por la justicia que se requiere para este tema tan doloroso en mi país, México. Si nadie lo habla, menos se expone y no se considera grave, si a mi tía le sucedió, a cualquier mujer le puede pasar y las cifras siguen subiendo escandalosamente, es necesario exponerlo, si callamos, no nos apoyamos.)

Ante el ruido en la habitación, mi otra tía se despertó y empezó a hablarle en voz alta para ver qué le sucedía. Al no tener respuesta, se levantó y al abrir la puerta se dio cuenta que la puerta del cuarto de mi tía estaba cerrada. En ese momento supo que algo estaba mal, mi tía nunca cerraba la puerta de su cuarto. Aún con miedo y con extrañeza, mi otra tía decidió abrir la puerta, encontrándose en un sobresalto de frente con el homicida. Él empezó amedrentarla. Mi tía sabía que algo muy malo había sucedido con su hermana, no sabía todavía exactamente qué, pero ella empezó a gritar muy fuerte y espantó al hombre. Él salió corriendo por donde había llegado. Dejó la casa, pero por desgracia, mi tía yacía muerta en el suelo.

Tal vez te estés preguntando. ¿Qué tiene que ver todo esto con un mensaje semilla? Todo, por eso tuve que contarlo, prefería por mi familia y por mí, habérmelo ahorrado, pero es importante para que comprendas cómo en el mundo espiritual nunca hay coincidencias, hay veces que tiene que ser así de fuerte para cambiar nuestro futuro, para cuestionarnos, para romper el cascarón de la semilla. Todo tiene un propósito, y ese suceso claramente tendría un impacto muy profundo en nuestra familia y en las decisiones a futuro.

Si te fijas, si mi tía no hubiera sido asesinada (y tengo que escribirlo así porque de haber fallecido naturalmente, hubiera sido otra la historia y sus consecuencias) hubieran sido otras circunstancias y por lo tanto otras decisiones, no se hubieran considerado preguntas importantes y nuevas decisiones posibles. Ella eligió esa manera de fallecer por buenas razones y de esa manera ayudaba a evidenciar algo en lo que ella creía, para mejorar su país. Elegimos con tiempo y después lo olvidamos, estuvimos de acuerdo, elegiste, aunque hoy no recuerdes, hasta tu muerte. Ella necesitaba concluir su vida terrenal así, evidenciando eso, es un propósito muy noble, como es ella.

No podía creer la noticia. Me hubiera gustado que el mundo espiritual o mis ángeles me lo comunicaran. Aunque sé que lo comunicado es perfecto, yo hubiera tratado de evitar lo inevitable. Pero no me correspondía. Mientras volaba en el avión, me repetía constantemente en mi mente "recuerda que ni una sola hoja cae de un árbol sin que tenga un propósito". Por otro lado, siempre te he dicho que no niegues tus emociones, el saber cosas no implica que evites tus duelos. A cada paso intentaba darme permiso para vivir mi duelo, mi sorpresa, mi tristeza y al mismo tiempo, aunque sea difícil de comprender, me acompañaba esa paz y esa presencia divina me consolaba. En el fondo sabía que había un propósito para todo esto. Tú sólo tienes que mantener esa posibilidad dentro de ti, para que la divinidad te lo muestre.

Por otro lado, aunque no lo creas, en mi corazón no había rencor, tienes que fijarte en eso, de las primeras cosas que hice en cuanto supe la noticia fue sentarme y darme permiso de llorar para inmediatamente hacer mi práctica de perdón *real*. En mi corazón, ya había perdonado a ese hombre. No te tardes en perdonar. Supe que, aunque parezca sumamente personal, esto no era personal. Por encima de todo quería ver. El dolor no provenía de pensar esto como la injusticia que terrenalmente era, pero le daba espacio a mi tristeza al *desapegarme*, el importante *desapego* del que hablamos, al saber que no reiría más con ella, ni llegaría a abrazarla, ni a tener físicamente otra plática de esas sabrosas como las que tenía siempre con ella, con una buena comida o un postre, que eran su especialidad.

Te mostraré cómo esto está conectado con el Mensaje Semilla, porque para mí tuvo al menos otro propósito, (existen para todos los involucrados) ya que esto hizo un parteaguas importante en nuestra vida, obviamente, e hizo que mi pareja y familia, tocáramos el tema de vivir fuera de México. Nunca lo hubiera imaginado si no hubiera sucedido ese acto violento en la familia. La muerte empuja y si por encima de todo quieres ver, la muerte te impulsará en alguna dirección.

El día que falleció mi tía también es importante, era un *14 de febrero, Día del Amor y la Amistad*, mira qué hermoso, mi tía se reunió ese mismo día que iba a morir con sus mejores amigas, se vieron para un desayuno, se vistieron todas de rojo, se quisieron, charlaron, se tomaron una foto para la posteridad, se dijeron cuánto se amaban, habían sido amigas toda la vida y me consta cuánto se querían y cuánto se lo decían. Mi tía se estaba despidiendo, tuvo ese gran regalo, despedirse, sin saber que sería su último día en forma física, pudo expresar su gratitud a todas ellas y dejarnos ese mensaje amoroso para recordar a todos: aprovechen el tiempo amorosamente.

Te amo tía, gracias por todo tu amor y cuidados por siempre. Gracias por ese recordatorio tan importante, qué consciente cierre planeaste para tu gran obra.

Los tres mensajes de mi tía

Era tiempo de ir al velorio, cuando llegué al lugar, el féretro estaba abierto. Yo nunca me acercaba a ver los cuerpos, pues en mi mente eso ya no es la persona, no es su esencia, pero esta vez quería verla, quería ver su carita, sus ojos y dedicarle unas palabras viéndola. Me acerqué y para mi sorpresa, en cuanto la miré, escuché su voz en mi mente y sé que muchos no lo creerán posible, pero fue una confirmación de que no somos ese cuerpo y ella seguía presente y lista para dar amor.

Primero me mostró una imagen donde ella estaba haciendo su jardinería y me mostró una mesa llena de comida y pasteles, lo que la caracterizaba. Me dijo llena de alegría mientras me mostraba una imagen donde hacía las cosas que más le gustaban:

—¡Tania, el cielo se trata de ser feliz y ahora no me canso! Ahora no tengo un cuerpo que me estorbe, nada me duele —me transmitió su felicidad y repitió refiriéndose a la forma de su muerte—. Eso ya no importa, yo estoy bien.

Fue una gran sorpresa, sentí una gran liberación en mi ser. Mientras nosotros estamos ocupados sufriendo y cuestionándonos cómo resolver lo que ya pasó. Al cruzar el portal de la muerte los otros pueden ver, si están dispuestos, lo que les dará más paz, y hacer su elección de perdón.

Sorpresivamente llegó el segundo mensaje. Me dijo:

—Pon atención, dile a tu papá que perdone y que no piense más en él, yo ya lo perdoné —se refería a su asesino, pero nunca utilizó esa palabra—. Dejen ir eso, yo ya lo perdoné, díselo a tu padre porque si no, no lo hará. La pena y la culpa lo consumirá.

Me sorprendió que dedicara ese tiempo para dar un mensaje tan específico a mi padre, sin embargo, no se comparaba con el siguiente mensaje que me daría.

El tercer mensaje estremeció mi corazón, me dijo:

—Aprovecha el tiempo, la siguiente persona de nuestra familia en irse será... —y me dijo el nombre.

Por obvias razones no lo pongo aquí y porque, además, recuerda que hay futuros probables y la persona habría de tomar su decisión. Sin embargo, lo comparto, porque es importante que veas cómo desde lo alto podemos tener información que para ti será muy útil, y para mí cambia de nuevo mi perspectiva y en lo que tenía que enfocarme. ¿Recuerdas la iguana?, es ir lento y rápido. La vida me decía qué iba a suceder primero, me decía a donde ir y a dónde iría después.

No tenía que perseguir a alguien ni aferrarme a descubrir quién era el asesino.

Mi tía me estaba poniendo la dirección: "Más bien dedícate a pasar tiempo y a disfrutar el tiempo con esta persona." ¿Cuántas veces no desperdiciamos tiempo en cosas que no nos ayudan a disfrutar más la vida? ¿Cuántas veces nuestras creencias limitantes nos hacen desperdiciar tiempo por no saber amar? Preguntas que cruzaron en mi mente, pero yo me sentía liberada, no tenía a nadie a quien perdonar, él era libre, no estaba en una cárcel, *ni yo dentro con é*l. Lo único que sentía era una profunda gratitud y amor por mi tía Coco.

> A cada mensaje semilla le debe seguir su acción.

Habla con él, reúnete con ellos

Los días pasaban y tuvimos numerosas cosas que atender, como te imaginarás, la vida te pone a aprender a resolver y a madurar más. Ya estando en México, un día me levanté pensando en cierto amigo, La Voz me dijo "habla con él", había un cierto sentido de inmediatez. Le mandé un mensaje y me respondió, "disculpa que no te haya podido contestar antes, estaba en el aeropuerto a punto de volar a Madrid, pero nos regresaron ya que no llevaba la prueba del Covid". Por lo tanto, como no habían podido volar, la conversación nos llevó a quedarnos de ver, ya que no se habían podido ir, y quedamos de vernos al día siguiente en su casa, con su hoy esposa. Ya sabes "puras coincidencias".

En esa reunión empezamos a hablar entre muchos otros temas de un proyecto que traíamos ese mente y lo interesante de cómo obra el mundo espiritual, ése que nos unió para que yo tomará una decisión casi inmediata. Ellos salían, finalmente, unas horas más tarde hacia Madrid y resulta que mi pareja también salía hacia allá al día siguiente y justo antes de que se subieran a la camioneta, ella me dijo:

"Tania, la única que falta allá eres tú, continuamos esta conversación en Madrid."

Mientras me reía, algo dentro de mí supo ahí mismo que tenía que ir. Y aquí viene nuestra resistencia, empecé con un diálogo interno a repasar todo lo que tenía que hacer, mientras ellos me sonreían y decían "nos vemos allá". Me despedí de ellos y mientras mi pareja me sonreía de manera pícara, le dije: "No me lo vas a creer, pero me parece que sí tengo que ir." Por supuesto se rió y me dijo "está increíble, en realidad, todo lo podrás hacer desde allá. En efecto, revisamos y no tenía un compromiso presencial en el que tuviera que estar, lo cual no es sencillo. Me dijo "los tres ya tenemos boleto, sólo falta el tuyo, nos encargaremos de inmediato".

Después de una vida de romper mis propios esquemas personales y ver como siempre sucede lo mejor, he aprendido a decir esta frase: "*No negocies con Dios*", sólo Él sabe por qué terminamos reuniéndonos con esas personas, justo unas horas antes de que salieran a Madrid, y un día antes de que mi pareja saliera, ¿sería fácil encontrar a tres personas que salgan al mismo destino con horas de diferencia, sin ponerse de acuerdo? "Sólo actúa y Él sabrá lo que es en tu mayor beneficio." Sip, acto seguido, al día siguiente me subí a un avión sin saber exactamente para qué tenía que ir a Madrid. Pero como te dije, la confianza se cultiva y no hay buen líder sin ella.

Mira cómo se conecta, te comparto algo que también me hizo decidirme, si no hubiera pasado el fallecimiento de mi tía, tampoco estaría pensando en aprovechar el tiempo, *haz tu día (o viaje) del amor y la amistad*, y sin duda sería un viaje de amor y de amistad, ya lo vería. La vida se pasa rápido, como mi tía me recordó. Ahora me mantenía atenta a lo que surgiera sin expectativas.

> La siguiente etapa en la evolución
> de la semilla: nutrición.

La chica alegre y sus risitas explosivas

¿Después de una "helada" que tienes que hacer? Nutrirte. Escoge bien qué es nutrirte, y con quiénes.

"¡Muy bien, buenos días, Madrid aquí estoy!: ¿Qué tengo que hacer aquí? Abundancia, ya llegué ¿a qué vamos a jugar?"

—¿Qué tienes en la agenda para el día de hoy? —le pregunté a Víctor.

—Hay una chica con la que tengo que reunirme, de hecho, es para tu proyecto —me respondió.

—¿En serio, de quién se trata?

—Su nombre es Erika, quedamos de vernos en este restaurante ¿quieres acompañarme ya que estás aquí? —me respondió.

—Dime su nombre completo —él me lo dijo y de inmediato sentí una chispa de alegría en mi ser—. Oye, tiene energía, me gusta, tengo que ir, quiero conocerla.

Siempre hago mucho caso cuando hay esa energía, ebullición, chispa; simplemente siento que tengo que conocer a esa persona y pronto. Llegamos al restaurante y ella ya nos estaba esperando en una pequeña mesa. Cuando la vi inmediatamente me llamó la atención su aura y esa forma peculiar, combinación entre nerviosismo y alegría.

Nos sentamos en la mesa y después de dar un par de vueltas, comenzó con la presentación que tenía planeada para trabajar juntos. Yo la verdad estaba poniendo la mitad de la atención, una parte estaba en la presentación y la otra en la curiosidad que me generaba su energía y lo que ésta me estaba diciendo. Ella seguía con sus repentinas risas con las que explotaba. Comunicaba el trabajo y combinaba con pequeñas risitas. Yo dejé de poner atención en lo que estaba diciendo para enfocarme en lo que La Voz me decía:

"Aquí está, más que el trabajo, serán personas importantes mutuamente en sus vidas, la una en la de otra. Aquí está tu socia, aquí está tu nueva amiga, confía, no importa lo que ella diga ahora, eso no será lo único que terminarán haciendo. Ninguna de las dos tiene ni idea de lo que harán juntas. Lo importante no es esa presentación, el propósito de esta reunión radica en que se conocieran y permanezcan juntas."

Así que yo la seguía escuchando, vagamente, porque ya tenía la respuesta que necesitaba. Sé que en realidad fue una de las razones más importantes por las cuales viajé a Madrid y por alguna razón misteriosa, esta chica era importante para mí futuro y yo en el de ella. ¡Qué gran momento! ¿Qué vendría? En ese mismo desayuno se me ocurrió preguntarle:

—Erika ¿qué opinas si planeamos un desayuno con la comunidad que exista en Madrid, crees que alguien quiera desayunar conmigo por acá?

A lo cual ella contestó despreocupadamente:

—Yo creo que sí ¿no? ¿qué será, como unas 6 personas? —recuerda que todavía no me conocía muy bien.

—Pues tal vez un poco más —le dije (risas internas)—, sólo necesito que me digas de algún lindo restaurante donde podamos caber todos.

Ella empezó manos a la obra, con toda la buena actitud, lo que me dio gusto ver en ella. Sugirió un restaurante y ¡oh sorpresa!, al subirlo a mis redes sociales, en tan sólo unos minutos había 22 personas interesadas, era sólo el principio porque terminamos cerca de 60 personas. Tuvimos que cambiar la locación y cerrar la invitación casi de inmediato para ir a desayunar porque no había sitios tan grandes con tan poca anticipación.

¿Te fijas en cómo esta fuerza misteriosa que une el Mensaje Semilla es extensa?, pero ten paciencia, porque reunirá a todas las personas que necesitan conocerse para el mayor beneficio de todos y como piezas de rompecabezas ¡todo encajará! verás.

> Si quieres recibir una imagen que te recuerde el poder de este mensaje como una *clariayuda* para ti, teclea: www.taniakaram.com/semilla

Llegó el día del desayuno. ¡Qué alegría fue llegar a ese lugar y ver solamente a personas que estaban en esa frecuencia vibratoria de amor y de alegría! Nos abrazamos como si nos conociéramos de toda la vida y disfrutamos de un desayuno que terminó, por supuesto, en preguntas de canalización, y accedí. Pasamos toda la mañana ahí, hasta que ¡nos corrieron! porque ya era la hora de la comida, me despedí de Erika y me di cuenta de que mis guías no se habían equivocado, había disfrutado muchísimo de su presencia y de la de todas las personas de "la manada", corazones hermosos con los que había pasado esa linda mañana, ¡qué regalo! Aquí es la etapa de dejar que la semilla *se nutra*, sobre todo viniendo de "una helada" de una *grieta* importante, es importante que confíes en que ese tiempo es para tu necesaria nutrición y nada mejor que el amor incondicional.

¡Oh, sorpresa, eso no terminaba ahí!

La gente que estaba reunida me dijo:

—Tania, ¿cómo que vamos sólo a desayunar? ¡Danos un curso! —acto seguido voltee a ver a Erika, por alguna razón sabía que ella tendría las herramientas para resolver esta situación.

—¿Qué opinas? —le dije.

—Claro que es posible, nos encargaremos y se los comunicaremos.

¿Te das cuenta de qué dicha? ¿Ves cómo funciona el plan? sólo te dirán, toma un vuelo y no sabes que ya tienes desayuno y hasta curso agendado, todos ya teníamos esas citas, sólo que no lo recordábamos. *Entre mayor es tu confianza, mayores los resultados que verás.* Si ella no hubiera estado apoyando localmente esa logística, la coordinación de esos eventos hubiera sido muy complicada. En efecto, terminamos en un lugar para mí completamente desconocido, dando un curso que no estaba previsto. De hecho, mira cómo funciona la abundancia, ese curso pagó mi boleto del viaje de avión, el cual tampoco estaba previsto, pero como siempre *el cuidado* ¡eso sí está previsto!

> Entre mayor es tu confianza,
> mayores los resultados que verás.

Si haces caso a la guía, los siguientes mensajes pueden ser revelados

Tendrás que ir a donde tengas que ir. La guía de hacer el viaje a Madrid fue importante, no sólo por las maravillosas personas que nos reunimos, sino que también nos dio una excelente oportunidad para que pudiéramos hacer la pregunta que había surgido, por el asunto de mi tía. Como te mencioné, hablamos de la posibilidad de mudarnos, así que aproveche la meditación final en el curso para preguntar si Madrid era el lugar donde sería ideal mudarnos. ¿Podría ser nuestro nuevo hogar?, aproveché teniendo esa energía alta en el grupo y lancé la pregunta:

"¿Es México o Madrid?"

Con mis ojos cerrados inmediatamente llegó una imagen y la imagen no me hizo sentido. Claramente podía ver que se trataba de edificios que no eran de ninguna de esas dos ciudades, no correspondía con la arquitectura de ninguna. Sacudí mi cabeza como diciendo "no, no, no, borremos esta imagen" y les pregunté nuevamente:

"¿Es México o es Madrid la ciudad donde sería ideal vivir?"

Nuevamente llegó la misma imagen que no entendía, lo que llegó a mí fue una imagen de la ciudad de Nueva York con sus característicos edificios. Fue una imagen que conocía muy bien.

Pregunté una tercera vez, pensando que tal vez me había confundido con Madrid, alguna zona que no conocía, qué se yo, pero no hay forma, son dos arquitecturas muy distintas. Y vaya, que nuevamente me llegó la imagen de Nueva York por tercera vez.

"Ok", acepté y dije "no comprendo el mensaje, pero estoy abierta a lo que tengan para mí y lo que sea mejor para todos los involucrados".

¿Te fijas, cómo funciona el Mensaje Semilla?

> Te repito, en este tipo de Mensaje Semilla,
> vas paso a paso, te dije que no ibas a comprender,
> te va a generar confusión, no tienes toda la
> información por eso no comprendes, como te dije
> tienes que pasar más hojas en el libro de tu vida,
> recuerda: es una semilla creciendo.

El que genere confusión, no significa que sea un mensaje equivocado. Como yo lo tengo muy claro, no me desesperé ni intenté saber más, acepté *la semilla*.

No te preocupes, porque ya se encargarán de que te quede muy claro y recuerda, la clave está en lo siguiente: *el mensaje será repetitivo.*

> El Mensaje Semilla se repetirá al menos
> tres veces, para que tú confirmes que no es tu ego,
> que no es una idea que tú quieres ver,
> sino que efectivamente es algo que el mundo
> espiritual quiere comunicarte.

Al día siguiente yo regresaba a México, mi pareja se quedaba allá, por lo que me dirigí al aeropuerto y mira nada más cómo funciona esto del Mensaje Semilla, ¡es extraordinario! Tenía tiempo para comer cualquier cosa en el aeropuerto antes de abordar, pero al ir a ordenar al mostrador, me tropecé con un hombre, chocamos y él me cedió el paso. Terminé de ordenar, y oh sorpresa, este hombre y yo quedamos sentados en la misma mesa larga del restaurante, que fue donde había lugar, estaba todo a reventar. Quedamos uno frente al otro. ¿Sería coincidencia?

El hombre misterioso y su mensaje

Mientras yo preparaba alegremente mi hamburguesa, le ponía mayonesa, la que se terminó justo cuando más salivaba. El hombre misterioso me miraba atentamente y me extendió con su mano otro paquetito, le di las gracias. Pensando que quería de alguna manera charlar y pasar un poco de tiempo antes de abordar, le pregunté:

—¿De dónde eres? cuando chocamos me llamó la atención tu acento y no lo he podido reconocer —él me lanzó una mirada de pocos amigos o de desconfianza, lo cual me sorprendió. Se quedó callado y me preguntó:

—¿Por qué? ¿Tú de dónde eres?

¡Oh, ups, pensé que era una pregunta sencilla!

—No nada, solamente curiosidad, no reconozco el acento, pero es todo, yo soy de México.

Dirigí de nuevo mi mirada hacia la hamburguesa intentando no molestar.

Se me quedó viendo y él me hizo una pregunta.

—¿A qué has venido a Madrid?

¡Oh, Dios!, ya entendí, aquí no hay preguntas sencillas. ¿Cómo le explicaba todo el rollo? para resumir la respuesta solo le contesté:

—Ya sabes, turismo.

Él sonrió, aunque notaba cómo seguía tratando de leerme; me dijo "ok", como si finalmente hubiera llegado a un veredicto. Regreso la mirada a su hamburguesa y yo a la mía. Nuevamente volteó y me hizo una pregunta muy rara, me dijo:

—¿Te piden dinero en México?

—¿Cómo dices, que si me piden dinero? ¿Quién?

—¿Que si es fácil hacer negocios allá?

Me quedé pensando... ¿a qué se referirá con... es *fácil* hacer negocios? Entonces le dije:

—Bueno, no sé, depende de lo que hagas, pero ¿a qué te refieres?

—¿No te piden dinero por tener un negocio en México?

Mi mente un poco ingenua pensó que se refería a los impuestos. Le dije:

—Sí, sí te piden dinero. Te piden un porcentaje de tanto, por el ingreso que tienes y se lo pagas al Gobierno.

El hombre misterioso puso cara de extrañeza y dijo:

—No, me refiero a los chicos malos, ¿ya sabes?

Se refería al narco...

—¡Ah, sí, también hay mucho de eso en México, hay negocios que definitivamente no pueden funcionar sin dar cantidades de dinero, si es a lo que te refieres! —le respondí.

—Sí, de hecho, te voy a compartir, yo soy de Ecuador, la razón por la cual estoy en Madrid es por un asunto de seguridad y tal vez de vida o muerte para mi familia.

Inmediatamente cambió el tono de la conversación, y por eso se estaba asegurando de que no fuera a ser yo "una chica mala" que lo estaba siguiendo.

—Lo siento mucho —le dije.

—Esa es la razón por la cual vine a Madrid y por la que te preguntaba, quería saber si no es muy peligroso vivir en México. Yo vine a Madrid para pedir asilo, mi familia está en peligro y los tengo que sacar cuanto antes.

Me relató con gran detalle, puntos y comas, la situación en su país debido al narcotráfico y cómo para él era imposible seguir manteniendo a su familia debido al dinero que le estaban pidiendo. No era sostenible mantener un negocio donde él estaba. Había ido ingenuamente a levantar una denuncia ante la policía y la contestación de los "chicos malos" fue una amenaza de muerte para él y su familia.

Era una historia muy triste y yo me preguntaba "¿por qué me toca escuchar esto?" Después de terminar la conversación, él me dijo:

—¿Estás pensando venir a vivir a Madrid?

Imagínate mi sorpresa ¿por qué me decía eso sí yo sólo dije turismo?

—Bueno, eeeh..., es posible, sí, es una de las razones que inicialmente también me trajeron a Madrid. Mi pareja, mi familia y yo empezamos a platicar un poco el tema de salir de México, y si Madrid podría ser el lugar para vivir por temas de seguridad —le conté brevemente lo que había pasado con mi tía.

Él bajó la mirada a lo que quedaba de su hamburguesa y guardó silencio. Era un hombre de pocas palabras, pero nuevamente regresó con su mirada fija hacia mí y me dijo lo siguiente:

—¿Sabes qué, Tania? tú deberías de vivir en Nueva York.

¡Ostia tío!, ¿whaaaat, qué dijo? ¿que acaba de decir? ¿así nada más? Pensé que era una conversación casual entre hamburguesas, algo ligero, ¡pero no para escupir!

Cómo es que ¡un día! antes, uno, en la meditación del curso, había visto los edificios de Nueva York y ahora me sentaba con un perfecto extraño a tener una conversación de 15 minutos y terminaba diciéndome esto. Sin ninguna información de mí, sin saber quién era, ni nada de mi pasado. Él continuó:

—Fíjate que yo tengo todo un Excel de cargas impositivas, ventajas y desventajas, he hecho todo un mapa mental sobre lugares en donde vivir y por lo que me dices a qué te dedicas —sólo le dije que hacía cursos online y que podía vivir en cualquier parte del mundo y a esta persona se le ocurría decirme—. ¡Tú deberías vivir en Nueva York!

¿Cuál crees que sea la probabilidad de que esto haya sucedido exactamente el día posterior a que recibiera el mensaje en mi meditación? Me quedé sorprendida y sin decir mucho más. Él solamente continúo:

—Bueno, mi vuelo está por salir, sólo recuerda eso. Yo creo que encontrarás buenas opciones, tal vez no sea exactamente en Manhattan, pero hay muy buenas opciones. Te deseo mucha suerte, aunque sé que no la necesitas.

Se paró y se fue.

Te imaginarás el estado de sorpresa en el que me quedé. ¡He de haber estado chorreando cátsup de la impresión!

> Un Mensaje Semilla siempre se sigue desarrollando. Recuerda esto, la semilla no para de crecer, sólo recuerda, primero crece hacia abajo. Aunque creas que no está sucediendo nada, el plan sigue en acción y todo se sigue acomodando.

En cuanto se fue, lo que hice fue inmediatamente tomar el teléfono y marcarle a mi pareja, ya te imaginarás, todo empezó con un: "No te vas a creer lo que me acaba de pasar", jajaja… Después de contarle lo sucedido y decirle que ya estaban llamándome para abordar, él me dijo en un tono alegre y con risas:

—Tania estas cosas sólo me pasan contigo, de verdad, no entiendo cómo te pueden pasar tantas cosas, contigo siempre es como una aventura.

—Bueno, mi amor ¿qué te digo?, *enjoy*. Te dejo, ya están llamando para abordar, te mando besos, sigue pensando en esto y dime qué piensas cuando aterrice —la verdad no podía con la alegría yo tampoco, era extraordinario lo que acababa de pasar.

Pero esto no acaba aquí. ¿Cuántas veces te dije que te repetirán el mensaje? Bueno, pon atención en lo siguiente.

En el vuelo intenté dormir lo menos posible. Me la pasé leyendo el libro que estaba devorando en ese momento. Faltando 15 minutos para aterrizar, como ya estaba cansada pensé en entretenerme con algo que ver, como no daba tiempo para una peli, le di a la zona de documentales. El que estaba en ese momento de inmediato llamó mi atención, decía algo como *Las grandes ciudades del mundo*. Al picarle ahí, lo que salió fue un título que decía lo siguiente:

¿Cómo funciona la ciudad de Nueva York?

¡Esto ya es demasiado! ¡Ostia tío! (digo así, porque recuerda que venía de Madrid en ese momento jaja) Creo que hasta la hamburguesa se me regresó. Apenas me abro al mundo y empiezan a llegar las señales. Para ese momento ya decidí preguntar y escuchar claramente lo que quería decirme *La Voz*. Sin espera ni dudas comencé a tomar dictado, y La Voz a darme la explicación del porqué el hecho de trasladarme a la ciudad de Nueva York, incluso para pasar *sólo un tiempo* era muy importante.

Tomé nota de todo eso en mi celular y me sentía completamente fuera de tiempo, sorprendida: ¿Cómo es que me podían dar esas razones, que yo no hubiera visto, o contemplado? Nuevamente pon atención, todo está conectado, nunca conoces a alguien por casualidad, todos los encuentros son sagrados y estás siendo guiado más de lo que crees. Como siempre te he dicho, el amor está cuidando de ti.

¿Qué pasaría después de esto? Ya lo sabremos.

Tus siguientes señales

Después de esta maravillosa experiencia en Madrid (observa cómo funciona), había tenido el Mensaje Semilla inicial, la etapa de desapego, la etapa de nutrición, la recompensa por hacer caso a las señales y la siguiente señal repetida tres veces,

¿que seguía? Recuerda, estás madurando y todos tienen que estar listos para que se dé la siguiente señal. Estar en la etapa de maduración es para todos los involucrados, no sólo para ti.

Dicho esto, cuando volví a casa, y pasados algunos meses, soñé que mi padre estaba enfermo, mi madre estaba en otro estado recién operada. Yo lo supe gracias a mi sueño, mi padre no nos lo dijo por no preocupar a sus hijos. Él había enfermado y empezó a tener una racha de enfermedad continúa hasta terminar en el hospital, en distintas ocasiones. Yo sé que cuando el dolor (de la pérdida de su hermana en su caso) nos consume, invitamos a la enfermedad. Una noche en el hospital me arrodillé y oré. Pregunté para recibir la guía en silencio y saber si de alguna manera estaba en mis manos comunicar algo o tener una respuesta que pudiera entregarle.

Recuerda que la sanación depende del libre albedrío de cada uno, por más que quieras a alguien, si la persona no quiere ver o no quiere sanar, por más que lo ames, dependerá de su intención por encima de todo querer ver y ayudarse. Afortunadamente tuve una respuesta que me sorprendió muchísimo. Y fue esta:

> "Ve a Líbano, todo comenzará a sanar cuando vayan
> al origen. Cuando él regrese a casa —al origen—
> podrá empezar a comprender y a recibir muchas cosas.
> El comienzo de la sanación está en Líbano."

Imagínate, de la nada recibir ese mensaje que no tiene na-na-na-da que ver con tu contexto, digo, una puede ser ingeniosa, pero algo así no se te ocurre pensando en la salud de tu papá. No es la ciudad donde vives, nadie de mi familia había ido, y no tenemos ni familiares que conozcamos al menos allá. O sea, sonaba a una locura, pero como te darás cuenta, confío mucho en los mensajes.

Muchas veces no rompemos esos techos de cristal justamente porque pensamos que la respuesta es "algo local", que está con las personas que conocemos. No nos imaginamos que la respuesta puede estar en otro país o en conocer personas que el día de hoy no están a nuestro alcance. Pero mira lo maravilloso que es y cómo funciona, su salud empezó a mejorar en cuanto le dije esto a mi padre.

Le comuniqué que esa es la respuesta que había recibido y le dio mucha ilusión hacer este viaje. Creo que por fin encontró algo que le daba ilusión después del fallecimiento de mi tía y eso le regresó las ganas de vivir. Algo que a nadie se nos hubiera ocurrido, claro, pero el mundo espiritual sabe lo que necesitas para sanar. Teníamos lo que nuevamente, por primera vez, conectaba de nuevo con su corazón. Ok, muy bien, ¿Y ahora por dónde empiezo?

> Siguiente etapa: ¡esto ya maduró, pasemos a la acción!

Hoy es el día: Clarity

Un buen día, en mi meditación matutina, recibí una clara instrucción. Ese día era muy importante ya que teníamos un evento en vivo llamado *El Poder de lo Invisible*, donde canalizo a la gente. Como todos los días, pedí guía para lo que necesi-

220 **Líder clariconectado**

to canalizar y bendiciones para entregar lo que se necesite a través de mis talentos, pero esa mañana fue distinto, La Voz empezó de inmediato con una clara instrucción:

> "Hoy es el día que entregas Clarity.
> Pero esta vez habrá una doble tarea."

Me siguió explicando cómo el programa está hecho para romper techos de cristal, como aquel pajarito, que espero recuerdes, que chocó ese día en la ventana del hotel donde por primera vez me hablaron de Clarity.

La Voz me dijo:

"La tarea que estamos por dejarte, será tanto para ti como para ellos, si quieres ayudarlos a crecer. La jaula de la ilusión en la que viven les hace creer que están limitados de muchas maneras. Una de ellas es también creer que están limitados económicamente. Por lo que para este programa debes subir el precio considerablemente."

—Si creen que están limitados, ¿no sería contraproducente? ¿Y qué sería considerablemente? —respondí. Confieso que desde ese momento ya estaba haciendo mi práctica espiritual porque, en efecto, me causaba una ligera ansiedad el simple hecho de preguntar y escuchar la respuesta.

"Ese es el primer error. Piensan que la respuesta está en términos de números, en vez de pensar en *la total liberación*. En realidad, el número es irre-le-van-te o debería de serlo. Porque el entrenamiento mental consiste en creer que **TODO** es posible para ti o no lo es en absoluto, si no, no salen del *desierto*. O estás *en* el desierto o estás *fuera* de él y de la esclavitud."

> "Una mente que se encuentra esclavizada,
> no piensa en cómo salir del desierto,
> piensa en cómo sobrevivir en él."

"Mientras no se cambie esa idea —continúo La Voz—, creerán que su libertad está condicionada a un número que *sea el correcto*. ¿Cuál número es el correcto, cuando no se ha roto la ilusión de carencia? ¿Qué número va a satisfacer a todos? y ¿qué precio le pondrías a la libertad que te ofrecemos? ¿Qué diferencia habría si es un siete, un ocho o un nueve, si no se comprende el beneficio?"

—Tienen razón, entre mayor es el estado de conciencia los números son sólo números y lo que realmente practicamos es *darnos permiso* de ejercer nuestra libertad abundante sin límites, lo que hacemos es romper esos techos de cristal imaginarios. Elegimos salir del desierto, en vez de estar pensando cómo sobrevivir en él.

"Exacto, por eso la primera en romperlos debes ser tú. *Sartenazo amoroso*. Para ti, el ejercicio consiste en salir de tu zona de confort en la que crees que lo que cobras está bien para ellos. Déjalos crecer. Te da miedo que no sea asequible para muchos, pero ahí también practicarás tu nivel de confianza. Si realmente crees que es posible para ellos crecer, deja que crezcan y que deseen seguir creciendo hasta que crucen el desierto. Es de fundamental importancia que exista en ellos el deseo de madurar y de ver más allá, que se den permiso de creer que pagar la cantidad que sea, es *posible*, en sus mentes, porque se dan permiso de recibir de esa misma manera. Si no, ¿cómo creerán que pueden generar eso y mucho más?

Ayúdalos a romper esos techos de cristal imaginarios. Por otro lado, esto servirá porque dentro de todos los alumnos que tendrás no puedes quedarte enseñando por siempre la tabla del 1, del 2 o del 3 cuando puedes enseñar también la tabla del 8 del 9 o del 10, debes de darles una oportunidad también a esos alumnos. Necesitas confiar en que los que se decidan, los que llegarán a ti en este momento estarán listos.

Ellos estarán más receptivos y listos para tus nuevas enseñanzas, y a su vez, para que ellos ayuden a otros, y aunque hoy sea un paso, es un paso fuera del desierto, es un ganar-ganar. De esa manera tú tampoco te desgastarás, pues conocemos lo que puedes enseñar y mostrar al mundo. Todos los involucrados necesitan confiar y los que estén listos para crecer, llegarán. De nuevo, no se trata de ti, se trata de ayudar más, a quién está listo para recibir más."

La Voz tenía toda la razón, eso significaba para mí salir de una zona de confort, porque ahí me daba cuenta que era más "aceptada" y pareciera que pagar para muchos es un problema, pero ese es el desierto. Eso sólo sucede cuando no conocen el verdadero valor, el precio sólo es un problema ante la creencia de ausencia de valor. Cuando conocen los cursos ya no es un problema. Debía de confiar y los alumnos que ya estaban puestos en este camino de abundancia llegarían, conmigo o sin mí.

El evento llegó en la noche y fue la primera vez que anuncié Clarity. Me di cuenta de cuánta razón tenía La Voz, porque aún no acababa de hablar y ya había personas que ¡ya habían recibido el llamado!, pues aún no acababa de explicarlo, ¡cuando ya las personas se estaban inscribiendo! Se levantaban de su lugar y corrían para apartar su lugar. Prueba de confianza superada.

¿Qué tal tus pruebas de confianza?

Como siempre, estaban en lo cierto, eso iba a suceder, con o sin mí, yo sólo tenía que llegar a la cita y a pesar de cualquier miedo o inseguridad ser la primera en romper mi techo de cristal. Como ya había tomado acción, pudo suceder el siguiente paso. Clarity es un programa maravilloso, aunque no puedo explicarte en detalle todo lo que sucede ahí, ya que me tomaría todo un libro; algo importante que te comento, es que ahí también hacemos un trabajo profundo en la conexión con tus ancestros y cómo esos techos de cristal provienen desde generaciones pasadas.

Ese día, en la meditación que les hice para trabajar con sus ancestros, fue *la segunda vez* que me entregaron un potente mensaje a mí también. Me hicieron ver cómo la sanación, para romper mis techos de cristal y para que cada quien atendiera lo que les limitaba, también provenía desde mis orígenes en el Líbano y me explicaron cómo no deseaba romper lealtades invisibles, lo cual ocurría en mi mente cuando *no aceptaba* tener más dinero.

Mi techo de cristal consistía en que por amor a mis ancestros yo no podía superar lo que ellos habían hecho. Y como *lo material* para mí energéticamente era un estorbo, en realidad no lo terminaba de aceptar en la medida que se requería.

Me dijeron: "Eso se corregirá en el Líbano." Si te fijas, me daban la información para asimilarla y empezar, pero *no* había una siguiente instrucción. Con ese conocimiento para mí fue suficiente para empezar a investigar mucho más profundo de mis ancestros, hice grandes descubrimientos, me emocioné mucho con lo que descubrí y ahora sí, dediqué tiempo para buscar más de esos orígenes y saber qué habían hecho. No te preocupes, cuando algo tiene que ser y se trata de un Mensaje Semilla, recuerda: *será repetitivo*.

La tercera repetición llegó en la siguiente generación del programa de Clarity, porque como te dije, todo tiene que madurar para que llegue la siguiente instrucción. En la siguiente ocasión que trabajé con los ancestros para romper techos de cristal, el tercer mensaje fue contundente:

"Ve al Líbano y eso tiene que suceder para tu nuevo comienzo, es decir, para tu cumpleaños."

¡Oh por Dios, solo faltaban 5 semanas para mi cumpleaños!

La Voz me decía: "Irás ahí y empezarás desde el origen, con la sanación de tu energía masculina y con ello, un camino de abundancia fuera del desierto."

¿Qué haces cuando recibes un mensaje así? Primero que nada, puedes ocupar de nuevo la frase que siempre digo: "¿Qué haces?"

No negocies con Dios

Ahora sí existía la siguiente instrucción, clara y con una fecha. ¿Cómo sucedería? De nuevo, no tenía que saber todos los detalles, tenía que confiar. Así ves cómo tu Mensaje Semilla tiene el objetivo de que confíes, pero después te dará todas las validaciones y ayuda que necesites. En mi mente ya era una realidad que podía ir a Líbano. *Eso hace una mente entrenada, no pierde tiempo en dudar,* aceptas toda la sanación que viene de antemano, y estás agradecido antes de ir.

¿Vuelos, hoteles, viáticos? ¿Cómo se arreglaría todo eso para ir a un país en Medio Oriente al que nunca había ido y nadie en mi familia ha regresado desde hace tres generaciones, en alrededor de 160 años? ¿Cómo se empieza? Así...

El error, querer comenzar pensando en los precios

Mucha gente comenzaría por los números, pero nuevamente los números sólo son números, enfócate *en el valor*. Sea lo que cueste, si eso me ayudaría más a mi transformación, todo estaría arreglado, yo pondría *mi dosis de buena voluntad*, mi disposición y mi confianza, y así sucedió.

¡Imagínate esto! En esa segunda generación de Clarity, estaba una persona de ascendencia libanesa, Luis Alberto, que no sólo va a Líbano, sino que conoce un chófer allá que podía conducirnos en cuanto llegara y me podía ayudar con todo lo que requería para el viaje. Además, tenía casa allá por la frecuencia con la que van, él o su familia y ¡hasta me hizo un itinerario de sugerencias *por día*! ¡Cuando ya estaba lista para ir, el medio y el maestro aparecen, qué increíble confirmación! Él es además un increíble ser humano, de verdad excepcional, parecía mandado por los mismísimos ángeles.

Nuevamente ¿Crees que Luis Alberto A. estuvo ahí por coincidencia, justo en el momento en que lo necesitaba para mi siguiente misión, ahí sentadito en el curso? Nunca nos habíamos cruzado en el camino, pero estábamos uno frente al otro justo cuando necesitábamos conocernos. Yo para entregarle Clarity, lo que él más necesitaba y que sería el principio de su nueva aventura y él, para ayudarme en el principio de la mía ¡Qué maravilla cómo lo resuelven!

Incluso él me presentó a la lindísima Paola P., que me ayudó a organizar todo el resto del viaje, y me ayudó ¡por el puro gusto! Ella ha viajado por muchas partes del mundo, tiene una agencia de viajes, y por lo mismo tenía toda la experiencia necesaria. Incluyendo hacernos todas las reservaciones de hoteles, vuelos y todo lo que surgió, cuando la conocí ¡faltaban *dos semana*s para irme! *Confianza Absoluta*. Dirás ¿es posible? ¡Decídete a romper techos de cristal y dejarás de ser ese pajarito que choca con sus propias limitaciones mentales!

Aquí te estoy intentando resumir la historia. La conclusión, como ves, es que ese mensaje que me fue entregado en 2021 tuvo que ir acompañado de muchos eventos, suceder muchas más cosas y conocer a nuevas personas que no existían en mi vida, para que pudiera ser más fácil al momento de actuar. No era el momento de acción cuando recién me lo dijeron en 2021, porque no hubiera entendido el propósito, y tampoco las otras personas, repito, las que aún no existían en mi vida, todo estuvo listo hasta 2023. Y sabes que... sí fue un verdadero sueño hecho realidad y mucho más allá de lo que yo me pude imaginar. Fue un viaje maravilloso lleno de bendiciones y de sincronicidades. Crucé el desierto, ¿quieres que hablemos más de eso?

Conclusiones: ¿Ves por qué tiene que ser un pasito a la vez?

Ahora todo hacía sentido, cuando todos los involucrados están listos y comprendes claramente las repeticiones, las que necesitabas recibir, puedes terminar con una instrucción clara, precisa y maciza. ¿Cuándo sucede así? ¿Recuerdas cómo empecé? Cuando pones constantemente atención y *quieres escuchar*, como Ismael. Puse atención a las señales anteriores, fui paciente y ahora también existía el nivel de madurez para hacer ese viaje, no sólo mío, sino el de todos los involucrados. En 5 semanas ahora estaba tomando un vuelo hacia el origen, a Líbano.

Se comprende cuando vas al origen y eso no significa que basta con que vayas físicamente. Yo traía toda la comprensión previa, gracias a lo que Clarity había hecho por mí. Estaba lista para cruzar mi desierto. Este viaje terminó volviéndose una gran aventura. Confianza absoluta en el plan. Terminé haciendo todo lo que se requería y mágicamente todo se acomodaba. Para todo había opciones, incluso descuentos inimaginables. Terminé yendo al Líbano, Egipto, Jordania e Israel. Esta aventura terminaría en Tierra Santa en el hogar de Ismael.

Si te cuesta trabajo creerlo, tendrás razón, así será en tu vida, y si lo crees, tendrás razón, así será tu vida. Si no crees, bastará con que te cuestiones si esto es posible y al menos, si te quedas con la curiosidad, sé que abrirás puertas. ¿Te imaginas lo que podría suceder si te abrieras a la posibilidad? ¿Si cruzaras la puerta que te mencioné en el primer capítulo? Y si esto que te estoy contando ¿también fuera posible para ti?

> Si te cuesta trabajo creerlo,
> tendrás razón, así será tu vida, y si lo crees,
> tendrás razón, así será tu vida.

¿Cuántas veces recibiste mensajes que no supiste entender e interpretar? Personas que te venían a confirmar un mensaje en tu vida y que, por no confiar, dejaste pasar oportunidades importantes. ¿Crees que será bueno para ti tener esta información? Si no haces caso, creerás que son coincidencias, pero para un Líder Clariconectado son las clari-señales que te conectan con tu destino.

No hay peor ciego, que el que no quiere ver. Sabemos que el Ego quiere saber todo de inmediato, quiere saber el resultado final en el primer mensaje, quiere seguridad ¡como si te pudieran resumir toda una historia de vida!, como si te pudieran resumir toda una película en un solo mensaje, y al mismo tiempo sí lo está, pero por eso no comprendemos su profundidad, sin saber que se detonarán muchas circunstancias primero que den origen a una mayor abundancia. *Al querer anticiparte, sólo generas angustia.*

> Aprende a sentirte cómodo en la incomodidad,
> la de no saber todo en el primer mensaje,
> pero no claudiques, no necesitas entenderlo
> para que suceda.
> Sucederá porque ya eres suficiente,
> tan sólo por ser quién eres
> y porque mereces.

No hay necesidad de controlar, ni podrás, no necesitas *hacerlo* suceder de inmediato, ni podrás. Es mejor la perseverancia para cruzar un desierto, que empezar a correr sin dirección clara y en círculos. Nos moriríamos de sed, "a menos que llegue nuestro ángel" (Ismael). Y después, cuando tengas claridad, no pares de *tomar acción*, no dudes, se sentirá super claro en ti y ese sentimiento te impulsará, te empujará como nunca antes.

> Primero date permiso de confiar en las señales,
> ten paciencia para seguir, madura,
> nútrete y después actúa sin parar.

Empiezas a confiar en grande, como todo un Líder Clariconectado. Ya vives sabiendo que hay un propósito mayor, se vive así y no se desgasta uno en cuestionar. Vives en un estado de gratitud constante y lo aceptas. Una mejor vida viene en camino, si intentas controlar menos, disfrutarás más.

Para concluir, recuerda esto, la *curiosidad* de la que te hablé inicialmente es la semillita. Si te mantienes preguntando con curiosidad, si tan sólo te das permiso de abrir esa pequeña ventana, en vez de estrellarte en los cristales, descubrirás que no hay plegaria que no sea escuchada, que no hay petición que el Amor no responda. Porque La Vida con mayúscula, sólo sabe dar.

Por último, te dejo con esta *joyita*. Cuando inició este capítulo empecé hablándote de Ismael, también tiene una razón de ser, su nombre también tiene todo que ver con lo que estamos hablando, ya que hoy descubres que su nombre significa: "El que escucha a Dios."

Que así sea, así ya es.

La puerta se aproxima, ¿estás listo?, ¿quieres terminar de tener la visión completa? Estoy segura de que *la enredadera* ya está viniendo por ti.

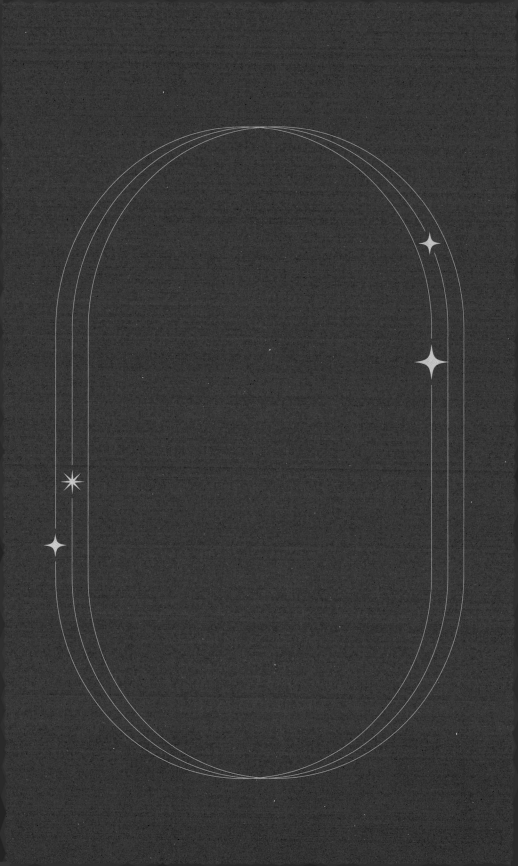

13

Mensaje Enredadera

*"Es increíble cuánto no sabes acerca
del juego que has jugado toda tu vida."*

—Mickey Mantle

El entendimiento de un mensaje del mundo espiritual es como *una enredadera* que se entrelaza con cada experiencia pasada, abrazándola con amor y revelando que todo ha valido la pena, pues cada momento ha encontrado su propósito.

¡Este es el mensaje que aclara todo! De todos los mensajes repetitivos y necesarios para tu historia personal, este es el que los une. Repasemos, lo primero que te entregan es un Mensaje Semilla, será el inicio de una historia de historias, que se van entrelazando, tejiendo como una historia de vida para que vayas comprendiendo más fácil a través de la repetición. La repetición va a hacer que lentamente vayas asimilando, te vayas abriendo a las posibilidades de lo que tantas veces vas a escuchar, a través de muchas personas y en distintas situaciones. Como verás, la repetición tiene un propósito.

El objetivo. El Mensaje Enredadera sirve para que conectes los puntos. Entreteje y mantiene unidas las semillas, pero eso no se ve. Es como ir haciendo una película que consta de varias escenas, dentro de cada escena puedes tener algunos de los mensajes que previamente expliqué, pero éstos, los Mensajes Enredadera, son como la parte de la película donde ¡por fin! se revela el secreto. ¡Todas esas escenas sí estaban conectadas y éste es el mensaje que termina de aclarar lo que no estaba claro!

¡Música de descubrimiento! ¿Ves cómo es totalmente otra emoción y otro momento de la peli? Pasas del suspenso, del Mensaje Semilla, de todo el drama, del desapego, al momento del descubrimiento, a la emoción del Mensaje Enredadera. Mientras, en el Mensaje Semilla, lo que toca practicar es la paciencia, aquí es cuando a la comprensión le continúa **la acción**. Son de los mensajes que aclaran el guion completo.

Ejemplo de Mensaje Enredadera

El Mensaje Enredadera te ayuda a ver simplificado el propósito de los Mensajes Semilla que te fueron entregados. Mira, te lo explico con este ejemplo que venimos trabajando:

El primer mensaje semilla recibido en julio de 2021 fue que creara un programa llamado Clarity, hubiera pensado que eso era algo desconectado del evento del fallecimiento de mi tía, que sucedió en febrero de 2022, pero sin eso no hubiera hecho ese viaje a Madrid en mayo de 2022. Sin ese viaje a Madrid no hubiera conocido a gente increíble, como a Erika, que además terminó asistiendo a Clarity, (mira, ella tampoco lo tenía planeado, pero sí que nos ayudamos con nuestras siguientes aventuras, incluso me ayudó con este libro ¡tenían razón!), ni hubiera coincidido con ese *hombre misterioso* en el aeropuerto de Madrid, y recibido los mensajes de Nueva York (sigue en sintonía, ya veremos).

Luego, a mi regreso, al seguir la instrucción del Mensaje Semilla de anunciar Clarity en el evento de *El Poder de lo Invisible* en junio de 2022, donde recibí el primer mensaje del impacto de mis ancestros para romper mis techos de cristal y ayudar a sanar a mi papá en ese momento al mencionar ir, algún día "cercano", a Líbano. Al haber hecho caso del mensaje y crear el programa de Clarity, recibí el segundo mensaje acerca de ir a Líbano, en agosto de 2022. Más adelante, en la segunda edición de Clarity, en marzo de 2023, durante la meditación final, ¡por fin pudo llegar el Mensaje Enredadera que unía todo lo que te acabo de resumir y me mostraba la siguiente **acción** que me ayudaba a comprender el bosque completo! ¡El propósito mayor!

Como te dije, la característica es que ahora tendrás claro qué acción tomar y cómo esto se reúne, se abraza, para potenciar la acción. Todo esto tenía que ver y daba *significado* al viaje que tenía que hacer a Líbano, yo y mi familia, todo hacía sentido y además había la madurez en todos los involucrados, y ahora había una fecha exacta de cuándo estar allá (para mi cumpleaños, el 15 abril de 2023) que sería... nada más y nada menos que como dije ¡en 5 semanas!

Clarísimo, ahora sí actúa como el adulto más poderoso.

> Si quieres recibir una imagen que te recuerde el poder de este mensaje como una *clariayuda* para ti, teclea: www.taniakaram.com/enredadera

¡Así es su confianza en ti!, si crees que puedes, entonces se ha de poder y ese es el camino, te repito: no negocias con Dios, confía como un niño y luego actúa como un adulto poderoso, con certeza. Es lo único que tienes que pensar. Yo, por otro lado, gracias a todo lo ocurrido, ya no iría al lugar como una turista que va sólo a conocer, ya para mí este viaje tenía muchísimo significado y profundidad, así es como debe ser nuestra vida. No estaba sola en este viaje, todos los personajes estaban listos, nos habían reunido y alineado a todos los personajes involucrados que estábamos conectados, incluyendo al querido Luis Alberto, la persona con ascendencia libanesa que asistió a este programa de Clarity, quien nos contactó con quien necesitábamos allá y nos ayudó a crear un viaje maravilloso a Líbano con una energía y una disposición increíble. Conocerlo fue una de las grandes joyas que me dio El plan de Dios.

Recuerda que, por él, también conocí a la hermosa Paola, quien de manera mágica y siempre amable, me ayudó a coordinar y planear todo el resto del viaje. ¿Lo ves?, ¡todo en tiempo perfecto! No se puede forzar, no puedes forzar a nadie, no puedes apurar a una semilla a que madure. Todos tuvimos un ganar-ganar, ¡todos los involucrados en esta historia!, y todos tenían que querer caminar sus propios desiertos.

Todos en tiempo perfecto, todo estuvo alineado. Mis padres tal vez hubieran dudado en ir, pero ahora mi padre comprendía que también parte de su sanación estaba en hacer ese viaje para recordar a los ancestros y conocer gente extraordinaria allá (que espero sea propósito de otro libro) y regresar al origen donde todo se comprende, para terminar en Tierra Santa. Mi viaje y todos sus sorprendentes resultados no me cabrían en resumen aquí, no es digno sólo un breve resumen, ¡podría ser toda una película!

¿Te das cuenta cómo se armó la situación para todos los involucrados? ¿Cuánto significado y riqueza tiene tu vida cuando de repente todo hace sentido y puedes conectar todos los puntos hacia atrás? Te das cuenta de que siempre hubo guía, sólo que no la entendías.

Ese es el momento *Eureka* del que te hablaba. Yo ya estaba dispuesta a tomar acción de nuevo y prepararme para hacer ese viaje que abriría tanto mis ojos, mi alma y nos llenaría de tantas bendiciones. ¿Qué nuevas aventuras me traería?, en efecto, pasé un cumpleaños increíblemente bendecido, y tú tienes ahora parte de todas esas bendiciones, ya que este libro se fue escribiendo por todos esos lugares espectaculares. Todo esto tan simbólico. Por lo pronto, que vida tan bendecida cuando lo alcanzas a ver y para eso sirve un Mensaje Enredadera, ¡te ayuda a ver, une y actúa! Si no las ves aún, ten paciencia, espera, ¡la enredadera está creciendo!

> Cuando comprendemos un mensaje del mundo espiritual, es como si la vida nos revelara un mapa secreto que conecta cada punto de nuestro camino. En ese mapa, todo lo anterior se enlaza y, finalmente, todo adquiere un propósito más profundo, haciendo que cada paso haya valido la pena.

¡Que las bendiciones sigan mostrándose y haciéndose evidentes en tu camino!

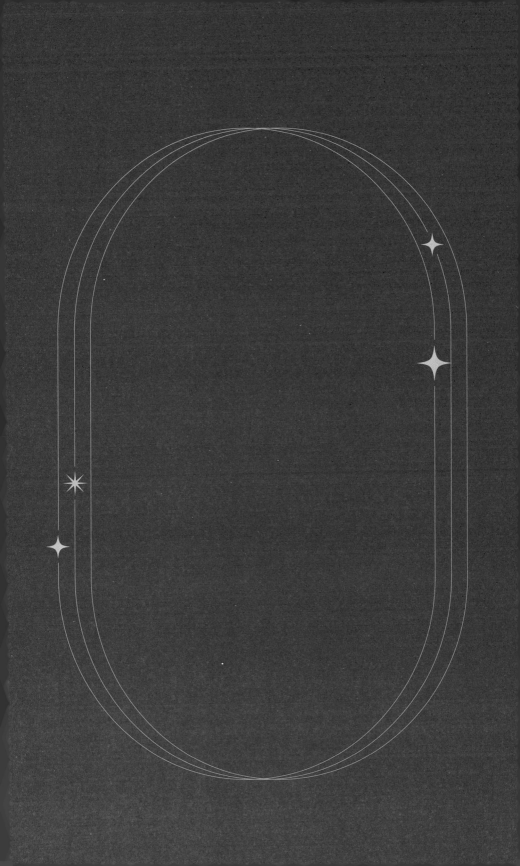

14

Tu poder y las trampas del ego al recibir mensajes del mundo espiritual

Te podríamos mostrar lo que te serviría más,
pero tienes muchas ideas de cómo debería ser,
de lo que esperas de los demás, así como
de lo que ya deberías de estar logrando.

No me quiero despedir sin agregar unas últimas reflexiones a tu viaje. En este capítulo te quiero mencionar algunas trampas del ego que pueden surgir al recibir mensajes del mundo espiritual. Es importante recordar que la conexión con el mundo espiritual no nos hace más importantes ni más avanzados que otros, sino sólo reales.

La verdadera evolución radica en tu claridad interior, en tener la conciencia de tu conexión con lo divino. No sólo se trata de "saber" cosas espirituales, muchos saben cosas, pero la acumulación de "conocimientos espirituales" también es una forma de perderte, de diluir tu poder y una trampa del ego. Dejarás de saber qué es lo verdaderamente importante si no te comprometes con nada.

La conciencia se notará en tus resultados, recuerda que por tus frutos serás reconocido. El énfasis estará, recuerda, en lo que has de trabajar en tu propia vida y no en la de los demás. No serás más feliz por lo que digas a otros, o por hablar de lo que ellos "deberían" de hacer, déjalos crecer o incluso déjalos morir, a algunos tendrás que dejar que "mueran" si ese es su deseo, aunque tú sabes que no morirán.

Abraza a tu hermano donde se encuentre, no es tu papel hacerlo crecer, no puedes evitar que gateen, no es amoroso que desees que corran cuando están aprendiendo a caminar. El ego dirá *auch, auch* o se enojará. Tal vez quieras echar un ojo a esto, ahondo en las trampas del ego espiritualizado, pues cada uno necesita aprender a salvarse de sí mismo.

El problema del "especialismo"

1. Es común caer en la trampa de creer que somos más importantes o especiales por tener acceso a información espiritual y que nuestra "espiritualidad" nos hace superiores. Sin embargo es al contrario, lo verdaderamente relevante no es cuán psíquicos seamos, sino cuán conscientes seamos. Saber

ser *compasivos* cuando se requiere y tener una guía que funciona nos lleva a ser cada vez más humildes, ayuda a crecer en confianza en el plan divino, en lugar de imponer nuestras ideas a los demás. En otras palabras, *sí eres especial*, pero no por lo que haces y los demás no pueden. De hecho, todos podemos *no* hacer algo, que otros sí pueden. Si te comparas con alguien más, no podrías hacer algo que esa persona hace.

La verdadera meta, recuerda, es la persona en la que te conviertes mediante este proceso, hago énfasis en la palabra: proceso. No quieras correr antes de tiempo, no hay necesidad, tus alas ya están aseguradas. Vuélvete ese amor encarnado y amado. Mi deseo y oración por ti, es que cada día te sientas más amado y acompañado.

El problema del conocimiento por encima del amor

2. El conocimiento de los distintos tipos de mensajes espirituales puede ser el punto de partida para sanar y embarcarnos en un camino espiritual guiado por el amor. Sin embargo, este conocimiento no sustituye la necesidad de educarnos y profundizar en nuestro propio camino espiritual. Hay mucho por aprender, y ahora con lo que te he explicado contamos con ayuda adicional en nuestro viaje. Permite que esa ayuda sea una barca que te lleve en las direcciones que más necesites para crecer en experiencias llenas de empatía.

Hoy en día resaltan muchas personas que saben mucho, pero no necesariamente son *empáticos*. Recuerda que la meta en el mundo espiritual no es ser "el que sabe", sino el que se permite ser guiado y por consecuencia, sabe estar para otros. Saber no te hará ser más querido, ni feliz, sólo hará que digan: ¡cuánto sabe!

Tu vida tendrá un mayor propósito, aun cuando hayas muerto y hablen de ti. Ayúdalos a que digan: esa persona me ayudó mucho. Ayuda a los demás y en tu vida nunca faltará riqueza. ¡Qué satisfacción saber que lo pudiste ayudar de la manera más amorosa posible! Esas serán tus joyas más valiosas.

El problema de desear el Poder: el verdadero poder, liderazgo y canalización

3. Es importante reconocer que antes de convertirnos en canalizadores o líderes para otros, debemos ser líderes para nuestra propia vida. La mejor manera de ayudar a otros desde nuestro liderazgo es a través de la *inspiración. No los convenzas, inspíralos.*

¡Que tu esfuerzo y dedicación inspire a otros! ¡Que tus resultados inspiren a otros! Tu congruencia demostrará humildad de manera auténtica. Tu vida será el ejemplo de lo que es posible. Recuerda, "líder" no es la persona que no tiene problemas, de hecho, lo único asegurado es eso, las "revolcadas de olas" que te esperan, pero elevarás tu nivel de responsabilidad y aprenderás a surfear.

La ola te podrá revolcar una y otra vez, pero no te quedarás llorando, una tras otra sabrás qué es lo que necesitas para aprender y dejarás de ser la víctima de tu forma tan voluntaria de ver la vida.

El problema de creerte desconectado de lo divino y el propósito profundo y liberador de este libro

4. Este libro tiene un propósito mucho más profundo y liberador de lo que te imaginas. Busca recordarte que ***no estás des-***

conectado de la divinidad. La conexión es real. **La intención es que nos demos cuenta de que estamos más guiados de lo que creemos y de que El Amor nos muestra un camino más fácil y claro hacia nuestra libertad personal**.

Además, te muestra cómo no se requieren cosas "afuera" de ti, el mayor mensaje no requiere ningún "artefacto" para tu conexión. Es como si "el Arca de la Alianza", hecha de oro puro donde se considera que estaba en su interior el poder de Dios, estuviera en ti, en tu interior, tú eres el oro, lo más sagrado y el agua bendita, pues la divinidad está en ti.

Si Dios es en ti, con la religión de cada persona o sin religión, podemos elegir un camino doloroso o aprender a recibir de la manera más amorosa esa guía, incluso hasta con dulzura y aceptar la abundancia que está destinada por siempre a nosotros, para que nuestra vida sea más fácil y llena de bendiciones. Haz el acto mental de sentirte unido con Dios y un día ya no necesitarás imaginarlo, te darás cuenta que ya vives así, sabiendo que saliste de la ilusión del dolor que habías creado.

Si te das cuenta, nunca te pedí manifestar algo, *la puerta* no se trata de manifestar, se trata de creer, *de ver en la tierra de ciegos*. Tú no necesitas manifestar, tú ya *eres* lo que estás buscando manifestar. Tú no necesitas pedir, cuando recuerdas quién eres, tu conciencia no deseará manifestar sólo un "coche de lujo". Si ya hubieras recordado que *eres* el mayor vehículo de lujo, tú mantra interno sería: Yo merezco, por ser quien soy.

> Tú no necesitas manifestar, tú ya eres lo que estás buscando manifestar.

El problema de desear lo complejo y darle más valor

5. La verdadera espiritualidad es sencilla. A menudo se cree que lo más elevado es inaccesible y complejo. Por eso hice el esfuerzo de presentar la información de la manera más sencilla y accesible posible. Hice de lo complejo algo transparente, visible para que se pueda sentir. He utilizando un vocabulario sencillo, los nombres de los mensajes son claros y fáciles de recordar. Porque mi deseo es que te sientas fácilmente conectado con "El Amor" y con la "Sabiduría Perfecta", sabiendo que esto puede transformar tu vida. La dificultad no radica en la complejidad, sino en que sigas queriendo *lo difícil* en tu vida.

Recuerda que este libro no busca hacer que te sientas "especial" desde el punto de vista del ego, sino que te responsabilices de tu propia vida, lo cual será lo más grandioso que puedas lograr. La claridad cura, el deseo del "especialismo" marchita y el ego busca deshacer tu felicidad. Por eso es importante pedir ayuda diariamente.

Enfoca tu mayor esfuerzo en ser el gran observador de tu vida. Al prestar atención a los mensajes espirituales y conectar con el amor, ya sea que lo llames amor de Dios, conexión con el Universo o Unidad, sabrás que no estás solo en tu viaje de despertar. La capacidad de recibir mensajes con claridad y la certeza sobre cómo actuar te abrirá puertas que no imaginaste, revelando opciones que antes no veías. Todo depende de tu nivel de apertura y que mantengas esa curiosidad, El Amor hará el resto.

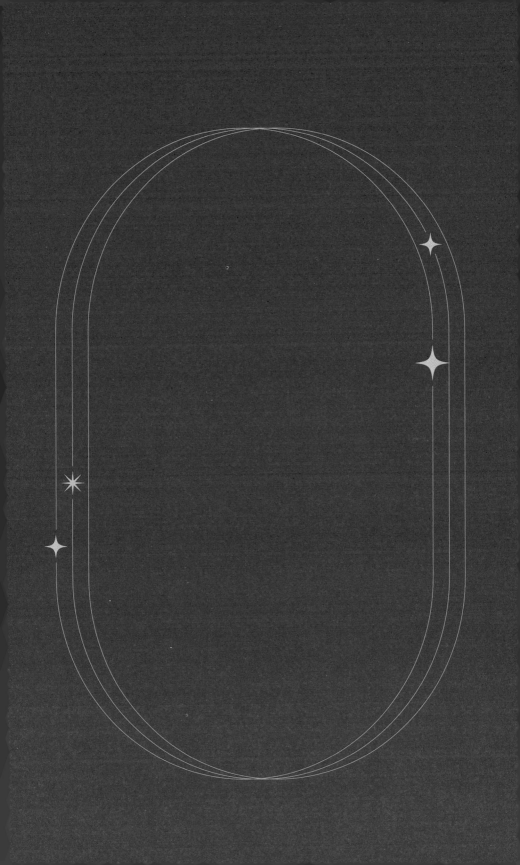

Despedida

Con amor y gratitud hemos llegado por ahora al final. Ha sido un honor compartir contigo estas reflexiones y enseñanzas llenas de luz y sabiduría. Deseo de corazón que este camino espiritual en el que te encuentras esté repleto de bendiciones, de momentos llenos de amor y de auto compasión. Que cada paso que des hacia la conexión con el mundo espiritual sea un abrazo cálido que envuelva tu ser y te guíe hacia una vida plena y consciente.

Recuerda siempre que eres parte de algo más grande, que no estás solo en este viaje del despertar. El Universo, Dios y el amor incondicional están en ti, esperando pacientemente a que abraces tu verdadero ser y permitas que la luz interior brille en todo su esplendor. Te animo a que continúes siendo el gran observador de tu vida, atento a los mensajes sutiles que te envía el mundo espiritual. Permítete estar receptivo y abierto, dejando que la claridad y la certeza te guíen en cada elección y acción que tomes.

Que este libro, con su propósito profundo y liberador, sea una herramienta para despertar tu consciencia y recordarte que la conexión con lo divino está *siempre disponible* para ti y tu esencia es ese mismo amor. Recuerda que el mayor regalo que puedes ofrecerte es asumir la responsabilidad de tu propia vida y usar tu poder para ayudar a crear una realidad llena de amor, armonía y plenitud.

Que la Luz del Amor te siga iluminando en cada uno de tus pensamientos y que siempre encuentres paz en tu corazón, que seas muy bendecido. Que cruces *la puerta* una y otra vez, hasta que entiendas que un día ya no podrás regresar, no habrá puerta, habrá sido un sueño, ya que siempre estuviste en el reino espiritual. Querido, habrás despertado del sueño.

Con todo mi amor, te dejo con este mensaje que un día me dio mi gran maestro Jesús, y que hoy espero que también se guarde en tu corazón:

> *"Un día habrá tanto, tanto, tanto amor en ti, que no tendrás miedo de venir a mí."*

¡Brilla con toda tu luz y date permiso de ser un Líder Clariconectado!

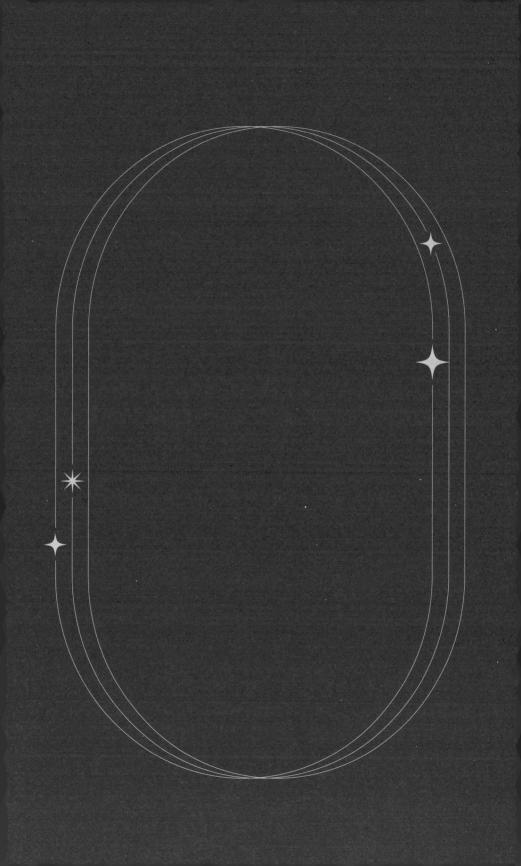

Líder Clariconectado de Tania Karam
se terminó de imprimir en octubre de 2023
en los talleres de
Impresora Tauro, S.A. de C.V.
Av. Año de Juárez 343, col. Granjas San Antonio,
Ciudad de México